Spirituellen Missbrauch verstehen

Ute Leimgruber / Barbara Haslbeck (Hg.)

Spirituellen Missbrauch verstehen

Wissenschaftliche Essays zu Selbstverlust und Gottentfremdung

Matthias Grünewald Verlag

VERLAGSGRUPPE PATMOS

PATMOS
ESCHBACH
GRÜNEWALD
THORBECKE
SCHWABEN
VER SACRUM

Die Verlagsgruppe
mit Sinn für das Leben

Die Verlagsgruppe Patmos ist sich ihrer Verantwortung gegenüber unserer Umwelt bewusst. Wir folgen dem Prinzip der Nachhaltigkeit und streben den Einklang von wirtschaftlicher Entwicklung, sozialer Sicherheit und Erhaltung unserer natürlichen Lebensgrundlagen an. Näheres zur Nachhaltigkeitsstrategie der Verlagsgruppe Patmos auf unserer Website www.verlagsgruppe-patmos.de/nachhaltig-gut-leben
Übereinstimmend mit der EU-Verordnung zur allgemeinen Produktsicherheit (GPSR) stellen wir sicher, dass unsere Produkte die Sicherheitsstandards erfüllen. Näheres dazu auf unserer Website www.verlagsgruppe-patmos.de/produktsicherheit. Bei Fragen zur Produktsicherheit wenden Sie sich bitte an produktsicherheit@verlagsgruppe-patmos.de

Bibliografische Information der Deutschen Nationalbibliothek
Die Deutsche Nationalbibliothek verzeichnet diese Publikation in der Deutschen Nationalbibliografie; detaillierte bibliografische Daten sind im Internet über http://dnb.d-nb.de abrufbar.

Alle Rechte vorbehalten
© 2024 Matthias Grünewald Verlag
Verlagsgruppe Patmos in der Schwabenverlag AG, Senefelderstr. 12, 73760 Ostfildern
www.gruenewaldverlag.de

Umschlaggestaltung: Finken & Bumiller, Stuttgart
Gestaltung, Satz und Repro: Schwabenverlag AG, Ostfildern
Druck: CPI books GmbH, Leck
Hergestellt in Deutschland
ISBN 978-3-7867-3354-6

Inhalt

Heinrich Timmerevers, Bischof von Dresden-Meißen
Geleitwort 7

Ute Leimgruber und Barbara Haslbeck
Die wissenschaftliche Auseinandersetzung mit Betroffenenberichten
über spirituellen Missbrauch in der katholischen Kirche 11

Doris Reisinger
Selbstbestimmung im Keim erstickt
Spirituelle Vernachlässigung als Kategorie 21

Magdalena Hürten
Epistemische Aspekte spirituellen Missbrauchs
Toxische Verknüpfungen von Wissen, Macht und Geschlecht 37

Ute Leimgruber
Tatort Seelsorge
Die Rolle von Seelsorge und seelsorglich Handelnden im Umfeld von
spirituellem Missbrauch 51

Hannah Schulz
Emprise – Einflussnahme und Selbstentfremdung 75

Hildegund Keul
Toxische Erwählung
Macht und Missbrauch in Neuen Geistlichen Gemeinschaften und
charismatischen Bewegungen 91

Barbara Haslbeck
„Kreise, die wie Sekten funktionieren"
Zusammenhänge von spirituellem Missbrauch und sektenähnlichen
Gruppierungen 111

Geleitwort

Heinrich Timmerevers, Bischof von Dresden-Meißen

Eines der vier Foren im Synodalen Weg hat einen Handlungstext zum Thema „Maßnahmen gegen Missbrauch an Frauen in der Kirche" erarbeitet.[1] Leider konnte dieser Text in der fünften und letzten Versammlung des Synodalen Weges im März 2023 aus zeitlichen Gründen nicht mehr abschließend beraten und verabschiedet werden. Ich erwähne dies als einen unter vielen anderen Hinweisen, wie schwer es für betroffene Frauen ist, mit ihren Anliegen in der Kirche sichtbar und gehört zu werden. Zu oft müssen sie erfahren, dass man im Sinn einer Täter-Opfer-Umkehr ihnen selbst die Verantwortung für das Erlittene zuschiebt: als nicht mehr minderjährige Frauen hätten sie ja „Nein" sagen können. Als mündige Erwachsene hätten sie doch gar nicht in jene Gemeinschaften eintreten müssen, in denen sie dann geistlichen Missbrauch erlitten haben.

Darum danke ich den Herausgeberinnen, Professorin Dr. Ute Leimgruber und Dr. Barbara Haslbeck, dass sie sich des Themas Missbrauch an Frauen in der Kirche angenommen haben. In dem bereits im Herbst 2023 erschienenen Band „Selbstverlust und Gottentfremdung" (hg. von Barbara Haslbeck, Ute Leimgruber, Regina Nagel und Sr. Philippa Rath) kommen Frauen als Betroffene von geistlichem Missbrauch zu Wort. Der Titel beschreibt sehr präzise, was den Betroffenen im geistlichen Missbrauch widerfährt, nämlich Selbstverlust in Bezug auf die eigene innerste Mitte und Gottentfremdung in ihrem Glauben an einen personalen Gott – und beides ist verstörend und zerstörerisch für eine Kirche, die sich als Gemeinschaft von Glaubenden versteht. In dem jetzt vorliegenden zweiten Buch veröffentlichen die Herausgeberinnen Beiträge zum Verstehen und zur wissenschaftlichen Aufarbeitung von spirituellem Missbrauch. Wir brauchen beides in der Kirche: Betroffene und Menschen an deren Seite, die davon berichten, wie perfide geistlicher Missbrauch ist und an welchen bisweilen lebenslang wirkenden Verwundungen, spirituellen, psychischen, emotionalen, biographischen und existentiellen

---

[1] www.synodalerweg.de/dokumente-reden-und-beitraege#c7262. [alle Links eingesehen am 28.9.2023]

Folgen die Betroffenen leiden. Dringend erforderlich sind aber auch wissenschaftliche Konzepte zum Verstehen von spirituellem Missbrauch. Es ist gut, dass in diesem Buch mehrere theologische Disziplinen zu Wort kommen, um Hintergründe und systemische Ursachen von geistlichem Missbrauch aufzudecken, für Missbrauch anfällige theologische und spirituelle Konzepte zu hinterfragen, Risikofaktoren in der Seelsorge und geistlichen Begleitung von Menschen zu benennen.

Die Deutsche Bischofskonferenz hat im Rahmen ihrer Herbst-Vollversammlung 2023 in Wiesbaden eine Arbeitshilfe „Missbrauch geistlicher Autorität – Zum Umgang mit Geistlichem Missbrauch" veröffentlicht. Im Vorwort zu dieser Arbeitshilfe verweise ich ausdrücklich darauf, dass die Bischöfe auf die Expertise von Betroffenen von geistlichem Missbrauch und von wissenschaftlich ausgewiesenen Theologinnen zum Thema angewiesen sind. Denn bei der Erstellung der Arbeitshilfe hatten wir mit einer Spannung umzugehen, dass einerseits aus den Diözesen der dringende Bedarf nach einer zeitnahen Veröffentlichung der Arbeitshilfe zum geistlichen Missbrauch in der Seelsorge, in Orden und geistlichen Gemeinschaften angemeldet wurde und dass andererseits der wissenschaftliche Prozess der Aufarbeitung geistlichen Missbrauchs erst begonnen hat und noch längst nicht abgeschlossen ist. Darum haben die Bischöfe für 2026 eine Evaluation und Überprüfung der Arbeitshilfe auf der Grundlage aktueller Entwicklungen in der Praxis und in der Wissenschaft in Aussicht gestellt. Dazu werden uns auch die wissenschaftlichen Essays in diesem Buch helfen.

Zugleich bin ich überzeugt, dass auch die Bischöfe nun sehr herausgefordert sind, ihre Rolle und Aufgabe in der Aufarbeitung des geistlichen Missbrauchs wahrzunehmen. Die Arbeitshilfe „Missbrauch geistlicher Autorität" gibt darum nicht nur Begriffsklärungen, Indizien und Unterscheidungen zum geistlichen Missbrauch an die Hand. Sie benennt nicht nur wichtige Standards für die Einrichtung von Anlaufstellen für Betroffene und zur Beratung von Betroffenen. Erstmals finden sich hier auch Interventionen und Sanktionen zusammengestellt, die nicht nur Bischöfe, sondern auch andere Verantwortliche in Orden, Geistlichen Gemeinschaften, Pfarreien, Verbänden und kirchlichen Einrichtungen ergreifen müssen, um geistlichen Missbrauch aufzuklären und zu ahnden. Ich erhoffe mir von dem Austausch zwischen Betroffenen, Beraterinnen, Theologinnen und Verantwortlichen in der Kirche wichtige und hilfreiche Beiträge, um den geistlichen Missbrauch an Frauen (und an anderen Personen) in der Kirche aufzudecken, um Maßnahmen dagegen zu ergreifen und nicht zuletzt, um auch den heilsamen Beitrag von Frauen in den vielen unheilvollen Geschichten sichtbar zu machen. Denn es gibt auch die Beraterinnen in der überdiözesanen Anlaufstelle für alle, die als Erwachsene in der Kirche Gewalt erfahren haben[2], es gibt die Beraterinnen in den Diözesen, die geistlichen Begleiterinnen und Exerzitienbegleiterinnen, die Seelsorgerinnen und Ausbilderinnen, die geistlichem Missbrauch vorbeugen, davor schützen und an der Seite von Betroffenen sind. So wünsche ich diesem Buch „Spirituellen Missbrauch verstehen. Wissenschaftliche Essays zu Selbstverlust und Gottentfremdung" vor allem viele Leser und Leserinnen, die geistlichen Missbrauch verstehen, aufklären und verhindern wollen.

---

[2] www.gegengewalt-inkirche.de.

Die wissenschaftliche Auseinandersetzung mit Betroffenenberichten über spirituellen Missbrauch in der katholischen Kirche

Ute Leimgruber und Barbara Haslbeck

„Selbstverlust und Gottentfremdung" – so lautet der Titel eines Buchs, das im Herbst 2023 erschien.[1] Es versammelt Berichte von Frauen, die in unterschiedlichen Lebensphasen, in Gemeinden, geistlichen Gemeinschaften und Orden, in der Seelsorge oder im Engagement für eine charismatische Bewegung spirituellen Missbrauch[2] erlebt haben. Beinahe zeitgleich veröffentlichte die Deutsche Bischofskonferenz die Arbeitshilfe „Missbrauch geistlicher Autorität"[3]. Mit diesem Dokument nehmen sich die Bischöfe des Themenkomplexes spiritueller Missbrauch an und erklären ihn gewissermaßen zur ‚Chefsache', nachdem über lange Jahre hinweg v. a. sexueller Missbrauch an Kindern und Jugendlichen in der katholischen Kirche im Brennpunkt der Aufmerksamkeit stand.

Dass (erwachsene) Frauen als Opfer von Missbrauch in der Kirche eigens in den Blick von Forschung und Aufarbeitung zu nehmen sind, ist spätestens seit 2020 klar, als das Buch „Erzählen als Widerstand"[4] erschienen ist. Es versammelt als erstes seiner Art in der deutschen katholischen Kirche Berichte von missbrauchsbetroffenen erwachsenen Frauen. Missbrauch, so eines der Ergebnisse, hat eine

---

[1] Haslbeck, Barbara u. a. (Hg.), Selbstverlust und Gottentfremdung. Spiritueller Missbrauch an Frauen in der katholischen Kirche, Ostfildern 2023.
[2] Zum Wording: Im deutschen Sprachgebrauch sind v. a. zwei Begriffe geläufig: spiritueller Missbrauch und geistlicher Missbrauch. Als Herausgeberinnen verwenden wir den Begriff spiritueller Missbrauch, um das Gesamtphänomen zu bezeichnen und den Kern spirituellen Missbrauchs zu erfassen. Wir bevorzugen den Begriff *spirituell*, weil sein Bedeutungsspektrum insgesamt weiter als *geistlich* ist, es weist auf die gesamte Sinngebungs- und Lebensgestaltungskompetenz von Menschen hin; ‚geistlich' konnotiert in einem engeren Sinn religiöse oder kirchliche Bezüge, auch liegt die Assoziation „Geistliche" als Tätergruppe nahe, was aus unserer Sicht vermieden werden sollte. Nicht zuletzt wird im Englischen von „spiritual abuse" bzw. im Französischen von „abuse spiritual" gesprochen.
[3] Sekretariat der Deutschen Bischofskonferenz (Hg.), Missbrauch geistlicher Autorität. Zum Umgang mit Geistlichem Missbrauch (Arbeitshilfen Nr. 338), Bonn 2023.
[4] Haslbeck, Barbara u. a. (Hg.), Erzählen als Widerstand: Berichte über spirituellen und sexuellen Missbrauch an erwachsenen Frauen in der katholischen Kirche, Münster 2020.

geschlechtsspezifische Komponente und betrifft alle Altersgruppen, ist also keineswegs ‚nur' auf männliche Kinder und Jugendliche zu beschränken. Mit „Erzählen als Widerstand" wurde zudem offenkundig, dass und wie sexueller Missbrauch fast immer mit spirituellem Missbrauch zusammenhängt: Sexuelle/sexualisierte Gewalt an Erwachsenen in der katholischen Kirche wird in der Regel von spiritueller Manipulation vorbereitet, flankiert, ermöglicht, inszeniert und/oder legitimiert. Gleichzeitig wurde deutlich, dass spiritueller Missbrauch ein eigenes Vergehen darstellt. Dabei ist er mindestens ebenso verhängnisvoll und destruktiv wie sexueller Missbrauch – und: Spiritueller Missbrauch ist, auch wenn er von den kirchlich Verantwortlichen erst seit kurzem öffentlich und prominent wahrgenommen wird, kein neues Phänomen. Im Gegenteil: In der wissenschaftlichen Forschung, besonders seitens der protestantischen Kirchen, wird spiritueller Missbrauch seit mehreren Jahrzehnten intensiv diskutiert.[5] Lisa Oakley und Kathryn Kinmond führen spirituellen Missbrauch detailliert aus:

> „Spiritueller Missbrauch ist eine Form des emotionalen und psychischen Missbrauchs. Er ist gekennzeichnet durch ein systematisches Muster von Zwangs- und Täuschungsverhalten in einem religiösen Kontext. Spiritueller Missbrauch kann für diejenigen, die ihn erleben, sehr schädlich sein. Dieser Missbrauch kann Folgendes beinhalten: Manipulation und Ausbeutung, erzwungene Rechenschaftspflicht, Entscheidungshoheit, Anforderungen an Geheimhaltung und Schweigen, Zwang zur Konformität, Kontrolle durch die Verwendung heiliger Texte oder Lehren, die Forderung nach Gehorsam gegenüber dem Missbrauchenden, die Andeutung, dass der Täter eine ‚göttliche' Position innehat, Isolation als Mittel zur Bestrafung sowie Überlegenheit und Elitedenken"[6].

---

[5] Vgl. Leimgruber, Ute / Haslbeck, Barbara, Angriff auf das Innerste. Hinführung zu den Berichten über spirituellen Missbrauch, in: Haslbeck, Barbara u. a. (Hg.) Selbstverlust und Gottentfremdung. Spiritueller Missbrauch an Frauen in der katholischen Kirche, Ostfildern 2023, 17–56. Oakley, Lisa / Kinmond, Kathryn, Breaking the Silence on Spiritual Abuse, Basingstoke 2013, 10. 1991 erschien das erste Buch, das ‚spiritual abuse' im Titel hatte: Johnson, David / van Vonderen, Jeffrey, The Subtle Power of Spiritual Abuse, Minneapolis 1991/2005. Dt. Übers.: Johnson, David / van Vonderen, Jeffrey, Die zerstörende Kraft des geistlichen Missbrauchs, Hünfeld 2016. Im deutschen katholischen Bereich nehmen die bahnbrechenden Veröffentlichungen von Doris Reisinger eine Vorreiterrolle ein, v. a. Reisinger (geb. Wagner), Doris, Spiritueller Missbrauch in der katholischen Kirche, Freiburg i. Br. 2019.
[6] Oakley / Kinmond, Breaking the Silence on Spiritual Abuse, 151. Übs. UL.

Dabei wird deutlich, dass mehrere Faktoren eine wichtige Rolle spielen: ein religiöser Kontext; die Verwendung religiöser Überzeugungen oder einer (spirituellen) Autorität, um andere zu kontrollieren oder zu manipulieren; die missbrauchende Person ist in einer Machtposition; es besteht eine Verbindung zu psychologischem/emotionalem Missbrauch; es wird jemandem Schaden zugefügt.[7] Das ist es, was spirituellen Missbrauch so schwer zu fassen macht: sein breites Spektrum an Merkmalen, Ausprägungen, Begründungen und Folgen für die Betroffenen. „Alles, was christliches Glaubensleben ausmacht, theologische Überzeugungen, kirchliche Strukturen, Rituale und religiöse Praktiken, kann zu einer unangemessenen Einschränkung von Freiheit und zu Unterdrückung führen, kann missbraucht werden"[8], so fassen es die deutschen Bischöfe zusammen. Nicht zuletzt die mangelnde rechtliche Klärung erschwert den Zugriff, denn: „Geistlicher Missbrauch als komplexes System wird weder im kirchlichen Strafrecht [...] noch im staatlichen Strafgesetzbuch als Straftat qualifiziert"[9].

Spiritueller Missbrauch ist also ein enorm breites und hochkomplexes Phänomen, das vertieft Eingang auch in die katholisch-theologische Forschungslandschaft finden muss. Einerseits, wie es die Bischöfe fordern, als Aufgabe der Theologie, selbstreflexiv „die eigenen Inhalte und Methoden kritisch zu prüfen"[10], andererseits müssen das Thema spiritueller Missbrauch selbst und seine ihm zugrundeliegenden theologischen Faktoren, strukturellen Bedingungen und die vielfältigen verborgenen Muster, die sog. *hidden patterns*,[11] Reflexionsgegenstand theologischer Forschung sein. Eine weitere Schwierigkeit benennen die Bischöfe deutlich: „Anders als

---

[7] Vgl. auch Fahey, Paul, The Place where you stand is Holy Ground. Recognizing and Preventing Spiritual Abuse in the Catholic Church, 2022. Online: https://wherepeteris.com/resources/the-place-where-you-stand-is-holy-ground/ [Alle Links eingesehen am 28.09.2023].

[8] Sekretariat der Deutschen Bischofskonferenz (Hg.), Missbrauch geistlicher Autorität, 10.

[9] Sekretariat der Deutschen Bischofskonferenz (Hg.), Missbrauch geistlicher Autorität, 32. Vgl. auch Wijlens, Myriam, Die Finsternis aufbrechen – Kirchenrechtliche Überlegungen zum Geistlichen Missbrauch für kirchliches Leitungspersonal, in: Hörting, Gerhard (Hg.) Grauzonen in Kirche und Gesellschaft: Geistiger Missbrauch, Wien 2021, 121–144.

[10] Sekretariat der Deutschen Bischofskonferenz (Hg.), Missbrauch geistlicher Autorität, 39.

[11] Leimgruber, Ute / Haslbeck, Barbara / Hürten, Magdalena, Missbrauchsmuster – hidden patterns of abuse, 20.12.2022. Online: https://www.feinschwarz.net/missbrauchsmuster/; www.missbrauchsmuster.de.

beim sexuellen Missbrauch hat es praktisch nie Eintragungen in die Personalakten möglicher Täter oder Täterinnen gegeben. Beim Geistlichen Missbrauch waren die Betroffenen [...] bereits erwachsen."[12] Das bedeutet, dass aktenbasierte Forschung (wie z. B. in der MHG-Studie)[13] quasi ausgeschlossen ist. Die Forschung zu spirituellem Missbrauch in der katholischen Kirche ist daher in weiten Teilen auf qualitative Studien und die Berichte von Betroffenen angewiesen.[14]

Wir Herausgeberinnen haben die Betroffenenberichte in „Selbstverlust und Gottentfremdung" kategorisiert und grundlegende Merkmale und Muster von spirituellem Missbrauch identifiziert. In der Auseinandersetzung mit den Betroffenenberichten wurde deutlich, dass die vielen – in der Literatur bereits erarbeiteten – Merkmale und Faktoren von spirituellem Missbrauch die von den Frauen beschriebenen Taten prägen und diese erneut die enorme Tragweite des Phänomens erweisen. Definitionen, die möglichst alle Merkmale aufgreifen wollen, tragen allerdings blinde Flecken und Ausschlüsse unweigerlich mit sich. Auch deswegen plädieren wir für die Kurzdefinition „Spiritueller Missbrauch ist Verletzung des spirituellen Selbstbestimmungsrechts"[15]. Dies kann das Geschehen am tref-

---

[12] Sekretariat der Deutschen Bischofskonferenz (Hg.), Missbrauch geistlicher Autorität, 7. Ganz nebenbei könnte man diese Sätze so lesen, dass das Alter der Betroffenen üblicherweise in einem Zusammenhang mit Personalakteneintragungen steht; mit anderen Worten: Wenn Menschen als erwachsene Personen Missbrauch erfahren, wird dies häufig nicht als solcher anerkannt oder verharmlost und also auch nicht in die Personalakten der Täter aufgenommen. Vgl. Leimgruber, Ute, Frauen als Missbrauchsbetroffene in der katholischen Kirche? Wie Missbrauch tabuisiert und legitimiert wird, in: Reisinger, Doris (Hg.): Gefährliche Theologien. Wenn theologische Ansätze Machtmissbrauch legitimieren, Regensburg 2021, 145–162.

[13] Vgl. Dreßing, Harald u. a., Sexueller Missbrauch an Minderjährigen durch katholische Priester, Diakone und männliche Ordensangehörige im Bereich der Deutschen Bischofskonferenz (MHG-Studie), Mannheim – Heidelberg – Gießen 2018.

[14] Übrigens ähnlich wie bei sexuellem Missbrauch an erwachsenen Frauen in der katholischen Kirche; vgl. Leimgruber, Ute, „Quod non est in actis, non est in mundo" – Über die Problematik ordnungsgemäßer Dokumentation im Fall von Missbrauch an erwachsenen Frauen, in: Alessandro, Lia / Anja Middelbeck-Varwick / Doris Reisinger (Hg.), Kirchliche Macht und kindliche Ohnmacht. Konturen, Kontexte und Quellen theologischer Missbrauchsforschung, Münster 2023, 179–194.

[15] Vgl. Reisinger (geb. Wagner), Spiritueller Missbrauch in der katholischen Kirche, 79. So auch Haslbeck, Barbara / Heyder, Regina / Leimgruber, Ute, Erzählen ist Widerstand. Zur Einführung, in: dies. u. a. (Hg.) Erzählen als Widerstand: Berichte über spirituellen und sexuellen Missbrauch an erwachsenen Frauen in der katholischen Kirche, Münster 2020, 13–24; hier: 17–23; de Lassus, Dysmas, Verheißung und Verrat:

fendsten umfassen und lässt gleichzeitig Raum für die vielfältigen Ausprägungen, die in Ergänzung dazu präzise beschrieben werden müssen. Unsere Anlayse hat ergeben, dass es zentrale Unterschiede im Blick auf Tathergänge, Tatmerkmale und ihre Ausprägungen gibt, so dass wir die Betroffenenberichte diesbezüglich in zwei Cluster aufgeteilt haben: In einem ersten großen Block versammeln sich Fälle spirituellen Missbrauchs, die wir unter dem Merkmal der *spirituellen Gewalt* fassen; zentral dafür sind Manipulation und Gewalt, die meist schon im Glaubenssystem grundgelegt sind, insbesondere Neue Geistliche Gemeinschaften und charismatische Bewegungen fallen in dieses Cluster. Der Begriff der Gewalt umfasst dabei Handlungen, Deutungsmuster und soziale Zusammenhänge, in denen oder vermittels derer Menschen einer beeinflussenden und zumeist schädigenden Wirkung ausgesetzt sind. Im zweiten Block sind es Texte unter dem Merkmal der *spiritualisierten Machtausübung*. Sie beschreiben spirituellen Missbrauch im Umfeld von „Dark Leadership"[16], vorwiegend im Ordensbereich, die Täter*innen agieren destruktiv aus ihrer Leitungsposition heraus, viele haben narzisstische Züge. Nun ist diese Unterscheidung zweifellos eine analytische Unterscheidung, manche Erfahrungen und Schädigungen ähneln sich in den beiden Bereichen, es gibt Überschneidungen, und dennoch hilft diese Differenzierung zwischen den Merkmalen der spirituellen Gewalt und der spiritualisierten Machtausübung dabei, grundlegend verschiedene Dimensionen spirituellen Missbrauchs aufzudecken und zu verstehen.

Ausgehend von dieser Clusterbildung der Berichte, für die u. a. bestimmte Tat-Täter*innen-Konstellationen maßgeblich waren, konnten wir schließlich zwölf Merkmale und Muster spirituellen Missbrauchs ableiten, die die Faktoren der bereits vorliegenden wissenschaftlichen Definitionen aufnehmen. Sie werden im ersten Band jeweils erklärt und mit Beispielen aus den Betroffenenberichten illustriert, und im vorliegenden Band werden sie in unterschiedlicher Perspektivität vertieft und fortgeschrieben.

Geistlicher Missbrauch in Orden und Gemeinschaften der katholischen Kirche, Münster 2022, 219–230; Leimgruber / Haslbeck, Angriff auf das Innerste, 21.

[16] Vgl. Furtner, Marco, Dark Leadership: Narzisstische, machiavellistische und psychopathische Führung, Wiesbaden 2017.

1. Spiritueller Missbrauch geschieht durch Missbrauch von Macht.
2. Täter*innen nutzen die besondere Sehnsucht einer Person nach einem geistlichen Leben oder krisenhafte Situationen von Menschen aus.
3. Leitungspersonen werden als (göttlich legitimierte) Autoritätspersonen eingeordnet und geben vor, an der Stelle Gottes zu sprechen oder zu handeln.
4. Die Manipulation findet mithilfe spiritueller und theologischer Inhalte statt.
5. Der Missbrauch geschieht in einem dualistischen System, in dem sich die Akteur*innen in einer elitären Gegenwelt verordnen.
6. Rollenunklarheit und fehlende Rollentrennungen der Akteur*innen erhöhen die Gefährdung für spirituellen Missbrauch.
7. Betroffene erleben sich unter Leistungsdruck und schildern eine Atmosphäre der Angst.
8. Spiritueller Missbrauch führt zur Isolierung der Betroffenen von Familie und Freundeskreis und auch innerhalb der Glaubensgemeinschaft.
9. Betroffene erfahren den Verlust der eigenen Wahrnehmung und werden in ihrem Selbstwert im Innersten demontiert.
10. Die Schädigung durch spirituellen Missbrauch kann alle Lebensbereiche betreffen, etwa den psychologischen, medizinischen, spirituellen, sozialen und finanziellen.
11. Betroffene erleben eine Entfremdung im Glauben, die existentiell verunsichert.
12. Betroffene haben Ressourcen, die sie durch eigene Reflexion und durch Impulse von außen aktivieren können.

Mit „Selbstverlust und Gottentfremdung" liegt eine erste Sammlung von Betroffenenberichten vor, die für die wissenschaftliche Analyse von großem Wert ist. Der vorliegende Band ist gewissermaßen der zweite Teil von „Selbstverlust und Gottentfremdung" und er holt ein, was der Titel in Aussicht stellt: „Spirituellen Missbrauch verstehen". Der Band bietet die interdisziplinäre wissenschaftliche Auseinandersetzung mit den Betroffenenberichten und die theologisch begründete Einordnung von spirituellem Missbrauch. Sechs wissenschaftliche Essays vertiefen unter Einbeziehung der Betroffenenberichte aus „Selbstverlust und Gottentfremdung" die bisherige Forschung zu spirituellem Missbrauch.

Doris Reisinger fokussiert in ihrem Beitrag das häufig unterschätzte Phänomen der spirituellen Vernachlässigung. Schließlich ist spirituelle Vernachlässigung oftmals der erste Schritt in der Spirale spirituellen Missbrauchs, noch vor offenkundigen Verstößen wie z. B. dem Verweigern einer qualifizierten geistlichen Begleitung. Reisinger greift auf den Kern eines personenbezogenen Missbrauchsbegriffs zurück und begründet umfassend das Recht auf spirituelle Selbstbestimmung. Sie rückt die betroffenen Menschen als Träger*innen von Rechten, besonders auch im Bereich von Spiritualität, ins Zentrum und fragt nach den Folgen, wenn ihre Selbstbestimmungsrechte von vornherein ignoriert oder ausgehebelt werden. Schließlich formuliert sie klare Kriterien für die Prävention spirituellen Missbrauchs.

Magdalena Hürten nimmt epistemische Aspekte spirituellen Missbrauchs in den Blick. In ihrem Beitrag deckt sie Mechanismen auf, die zur Beeinträchtigung der Wissenskompetenz der Betroffenen beitragen, zusammengefasst unter dem Begriff der „epistemischen Unterdrückung". Betroffene Frauen sind mit verschiedenen Formen des Ausschlusses aus Wissenspraktiken oder der Beschneidung ihrer Wissenskompetenz konfrontiert: Sie begegnen epistemischen Ungerechtigkeiten (epistemic injustice); sie haben es mit Autoritäten zu tun, die von ihrer privilegierten Position heraus das Wissen der Betroffenen missachten oder nicht dulden (epistemic entitlement); und sie erleben manipulatives Verhalten, mit dem das Vertrauen in ihre eigene Urteilsfähigkeit zerstört wird (Gaslighting). Konsequenterweise macht Hürten klar, dass die Anerkennung Betroffener als Wissenssubjekt ein entscheidender Faktor bei der Überwindung von Missbrauch ist.

Ute Leimgruber diskutiert die Rolle von Seelsorge und seelsorglich Handelnden im Umfeld von spirituellem Missbrauch, denn – so ihre Grundthese – unprofessionelle und unreflektierte Seelsorge kann zum Tatort werden, an dem die Integrität einer Person verletzt und ihre spirituelle (und nicht selten auch sexuelle) Autonomie entwertet wird. In ihrem Beitrag skizziert sie unterschiedliche Aspekte und Äußerungsformen destruktiver Seelsorge. Die Betroffenenberichte zeigen: In Seelsorgebeziehungen werden Unterordnungsverhältnisse erzeugt, Menschen manipuliert oder durch verantwortungsloses Autoritätshandeln der geistlichen Begleiter*innen abhängig gemacht. Dieser Vulneranz von Seelsorgesettings steht eine häufig erhöhte Vulnerabilität der seelsorglich Begleiteten gegenüber. Der Beitrag fordert infolgedessen eine Praxis der Seelsorge, die die spirituelle, sexuelle, emotionale und psychische Freiheit und Selbstbestimmung der Menschen unbedingt achtet.

Hannah Schulz konzentriert sich in ihrem Beitrag auf ein Phänomen im Umfeld von spirituellem Missbrauch, das in französischsprachigen Untersuchungen bereits eingeführt ist: *emprise*. Betroffene beschreiben – meist sind sie erst aus einer deutlichen räumlichen und zeitlichen Distanz überhaupt dazu in der Lage – *emprise* als eine Art unbemerkte, feindliche Übernahme des eigenen Ichs. Schulz beschreibt die Mechanismen der Einflussnahme, es geht um Fremdbestimmung und Selbstentfremdung, veränderte Prozesse hinsichtlich Wahrnehmung, Bewusstsein, Denken, Fühlen, Entscheiden, Handeln und Glauben. Schulz zeigt in ihrem Beitrag sowohl die Hebel auf, mit denen sich die Täter*innnen in der Persönlichkeit der Opfer allmählich einnisten können, als auch, wo die Bruchstellen im missbräuchlichen System liegen, die einen Ausstieg ermöglichen können.

Hildegund Keul blickt besonders auf Neue Geistliche Gemeinschaften (NGG) und charismatische Bewegungen und konstatiert gleich zu Beginn ihres Beitrags deren besondere Anfälligkeit für geistlichen Missbrauch, spirituelle Entgleisung und sexuelle Gewalt. Vor dem Hintergrund der Vulnerabilitätsforschung zu Missbrauch und Vertuschungsgewalt bezieht sie sich zum einen auf die Betroffenenberichte in „Selbstverlust und Gottentfremdung", zum anderen auf Homepages aus der charismatischen Bewegung. Sie identifiziert Mechanismen elitärer Erwählung, Opferspiralen und utopische Heilsversprechen und nimmt den Standpunkt ein, dass charismatische Bewegungen Spiritualität als wirksame Macht einsetzen, die vielfältig genutzt werden kann, nicht zuletzt in finanzieller Hinsicht. Toxische Spiritualität in der charismatischen Bewegung, aber auch in der Kirche insgesamt, kann in der Analyse Keuls nur mithilfe einer Spiritualität überwunden werden, die für Betroffene eine potentielle Lebensressource darstellt.

Barbara Haslbeck schließlich erweitert die Perspektive um einen im katholisch-theologischen Raum bislang kaum beachteten, gleichwohl äußerst erhellenden Forschungsbereich. Ausgehend von der Frage, wie es so weit kommen konnte, dass Betroffene sich häufig über viele Jahre hinweg psychisch, physisch und finanziell an eine toxische Gemeinschaft binden und dort ausbeuten lassen, kombiniert sie die Forschung zu sog. Sekten mit den Betroffenenberichten aus „Selbstverlust und Gottentfremdung". Haslbeck diskutiert insbesondere Aspekte wie die Anziehung durch eine charismatische Gruppe, die Wechselwirkungen zwischen Individuum und System und den zentralen Vorgang der Bewusstseinskontrolle. Ihr Beitrag macht deutlich, dass die Erkenntnisse zu sektenartigen Gruppierungen dazu beitragen, gefährdende Muster religiöser Gemeinschaften zu identifizieren und die Praxis in Gemeinden und geistlichen Gemeinschaften so zu konzipieren, dass sie die Resilienz von Menschen bestärken.

Die Beiträge machen deutlich, dass tiefergehende Forschung nicht nur notwendig, sondern auch, wie gewinnbringend sie für das Themenfeld spiritueller Missbrauch ist. Wir erhoffen uns weitere Forschungsbeiträge, auch z. B. in Perspektiven, die in den vorliegenden Band nicht Eingang finden konnten, darunter historische oder (kirchen-)rechtliche; auch bräuchte es methodisch gesicherte empirische Studien.

Wir danken den Autorinnen für ihre Bereitschaft, sich mit einem Beitrag an dem vorliegenden Band zu beteiligen und sich so intensiv auf die Betroffenenberichte aus „Selbstverlust und Gottentfremdung" einzulassen. Unser Dank gilt Bischof Heinrich Timmerevers, Dresden-Meißen, für sein Geleitwort und die gute Kooperation. Wir danken für einen Zuschuss zu den Druckkosten Herrn Kardinal Marx, dem Erzbischof von München und Freising. An dieser Stelle möchten wir uns zudem ausdrücklich bei Regina Nagel und Sr. Philippa Rath, den beiden Mitherausgeberinnen von „Selbstverlust und Gottentfremdung" bedanken, für die vielen wertvollen Diskussionen und Hinweise in der Erarbeitung des ‚ersten' Bandes, ohne sie gäbe es diesen ‚zweiten' Band nicht.

Wir möchten mit diesem Buch dazu beitragen, spirituellen Missbrauch in seinen vielen Facetten intensiv zu erforschen, eigene und fremde blinde Flecken zu minimieren und zukünftiger Forschung weitere Impulse zu verleihen. Wir sehen uns dazu verpflichtet, die Perspektiven der Betroffenen konsequent in den Blick zu nehmen. Sie sind es, die Selbstverlust und Gottentfremdung erlebt haben, ihren Berichten sind zahlreiche wissenschaftliche Erkenntnisse zu verdanken, nicht zuletzt ihre Erfahrungen sind es, die die Verantwortlichen zu raschem Handeln drängen sollten, um in Zukunft weiteres Leiden zu verhindern.

Regensburg, im September 2023

Ute Leimgruber und Barbara Haslbeck

Selbstbestimmung im Keim erstickt

Spirituelle Vernachlässigung als Kategorie

Doris Reisinger

Spiritueller Missbrauch ist mitunter dort besonders perfide und schädlich, wo er geräuschlos geschieht, ganz ohne offene Gewalt und ohne dass Betroffene sich dessen bewusst sind. Das ist vor allem dann der Fall, wenn spirituelles Leben sich in einem gegebenen Kontext *selbstverständlich fremdbestimmt* vollzieht, in vorgegebenen Bahnen, ohne Rücksicht auf individuelle Erfahrungen, Wahrnehmungen und Bedürfnisse, mit dem Anspruch spiritueller Autoritäten, das geistliche Leben anderer zu kontrollieren. Wo solche spirituelle *Fremdbestimmung* Normalität ist, erleben auch Betroffene die Einschränkung und Verletzung ihrer Selbstbestimmung grundsätzlich als normal. Sie nehmen sie hin, inklusive der moralischen Verletzung, die sie bedeutet, und der erhöhten Verletzlichkeit, die daraus für ihr Leben resultiert.

Wo Fremdbestimmung normalisiert ist, ist Missbrauch also einerseits besonders wirksam. Denn wenn Betroffene keinen Begriff und keine Vorstellung spiritueller Selbstbestimmung haben, verfügen sie nicht einmal über eine theoretische Grundlage, um Fremdbestimmung zurückzuweisen. Entsprechend leichtes Spiel haben Täter*innen auch für offenkundigere Formen von Missbrauch und Gewalt. Andererseits wird Missbrauch in einem solchen Setting völlig unsichtbar, denn wenn nicht einmal die Betroffenen selbst ein Problem sehen, scheint es auch aus der Perspektive Außenstehender oder Verantwortlicher keines zu geben. Wo Menschen nicht einmal ahnen, dass sie ein Recht auf spirituelle Selbstbestimmung haben oder wo ihnen die grundlegendsten Mittel fehlen, um diese Selbstbestimmung auszuüben, spreche ich von *spiritueller Vernachlässigung*. Sie ist die fundamentalste Stufe spirituellen Missbrauchs.[1] Daher ist sie einerseits besonders leicht zu übersehen und misszuverstehen.

---

[1] Um die Dynamiken, die spirituellen Missbrauch ermöglichen, zu verstehen, habe ich das Drei-Stufen-Modell entwickelt. Explizite Gewalt ist die letzte Stufe, ihr geht Manipulation voraus, diese baut wiederum auf Vernachlässigung auf. Vgl. Reisinger (geb. Wagner), Doris, Spiritueller Missbrauch in der katholischen Kirche, Freiburg i. Br. 2019.

Andererseits ist sie von zentraler Bedeutung, wenn es darum geht, die Dynamik spirituellen Missbrauchs zu durchschauen und ihr vorzubeugen.

Im Folgenden möchte ich schrittweise begründen und anhand von Analogien und Beispielen verdeutlichen, weshalb es wichtig ist, spirituellen Missbrauch als Verletzung von Selbstbestimmung auch und gerade dann ernst zu nehmen, wenn es sich „nur" um Vernachlässigung handelt und weder Verursacher*innen[2] noch Betroffene noch Verantwortliche sich des Missbrauchs bewusst sind.

Zudem möchte ich insbesondere die Dynamik normalisierter spiritueller Fremdbestimmung und im Keim erstickter Selbstbestimmung anhand konkreter Beispiele veranschaulichen.

1. Die Basis von Selbstbestimmung: Würde

Jeder Mensch besitzt eine unveräußerliche Würde. Theologisch gesprochen gründet sie in der Gottebenbildlichkeit. Aus dieser Würde folgen ebenso unveräußerliche Rechte, d. h. Rechte, die ein Mensch aufgrund seines Menschseins besitzt, unabhängig davon, ob und in welchem Grad diese Rechte auch gesetzlich garantiert sind.[3] Bei diesen Rechten handelt es sich vor allem um Freiheits- oder Selbstbestimmungsrechte im Bereich der persönlichen Lebensführung: Was Menschen denken, wie sie fühlen, mit wem sie leben, wen sie lieben, welchen Beruf sie ausüben, wie sie wohnen, wie sie mit ihrem Körper umgehen, welche Religion sie ausüben und so weiter. Weder der Staat noch andere Organisationen oder Personen haben das Recht, in diese persönlichen Belange einer Person einzugreifen, geschweige denn gegen ihren Willen in diesen ihren persönlichsten Lebensbereichen zu intervenieren. Das jedenfalls ist ein zentraler Bestandteil der Idee der Menschenwürde. Wenn diese Würde theologisch ernstgenommen wird, müssen aus ihr auch Rechte für das

---

[2] Es ist eine eigene Diskussion wert, inwiefern Personen, die andere spirituell vernachlässigen, als Täter*innen bezeichnet werden können. Es wäre u. a. zu berücksichtigen, welche Absichten, welches Wissen und welcher Vorteil für die verursachenden Personen ggf. eine Rolle spielten. Für diese Diskussion ist hier kein Raum. Daher beschränke ich mich darauf, hier – wo nicht aufgrund eines konkreten Fallbeispiels mit Recht von Täter*innenschaft die Rede sein kann – von Verursacher*innen zu sprechen.

[3] Vgl. Moser, Elias, Unveräußerliche Rechte, in: http://www.enzyklopaedie-rechtsphilosophie.net/inhaltsverzeichnis/19-beitraege/115-unveraeusserliche-rechte#III1 12.04.2018. [Alle Links eingesehen am 16.07.2023]

Leben der Gläubigen und ihre religiöse Praxis folgen: Die Entscheidung für den Glauben, die persönliche Gottesbeziehung, das Gebet, das innerste Heiligtum, wo der Mensch alleine ist mit Gott (GS 16), der göttliche Anruf an das eigene Gewissen, die Gottesdienstteilnahme, die Wahl der eigenen Lebensform: Alles das muss ein Mensch frei leben können.

In weiten Teilen heutiger Gesellschaften sind Menschenwürde und Selbstbestimmungsrechte nur zum Teil verwirklicht, verstanden und akzeptiert. Nach wie vor sind Verstöße gegen die Selbstbestimmung von (bestimmten) Menschen vielfach normalisiert. Das ist vor allem dort sichtbar, wo offen gewaltsam mit Menschen umgegangen wird oder wo Betroffene deutlich wahrnehmbar protestieren.[4] Je eindeutiger ein Gewaltakt ist oder je bewusster sich Betroffene der Verletzung ihrer Rechte sind, desto leichter ist die Gewalt auch für Dritte wahrzunehmen und zu verstehen.

Offenkundig gewalthafte Übergriffe gibt es auch im spirituellen Missbrauch.[5] In der Regel ist spiritueller Missbrauch aber deutlich weniger greifbar und explizit. Er geschieht subtil, vielfach deswegen, weil spirituelle Fremdbestimmung in religiösen Kontexten, gerade in der katholischen Kirche, nach wie vor weitgehend normalisiert ist. Dementsprechend ist die Dynamik des Missbrauchs schwerer zu begreifen. Außenstehende zeigen sich häufig entsprechend irritiert, dass eine Person „mitgemacht" hat, sich „nicht gewehrt" hat, dem*- der Täter*in so lange vertraut hat oder dass sie sich im Nachhinein „beschwert", obwohl sie der Handlung ja zuvor „zugestimmt" hätte. Den Betroffenen selbst geht es häufig nicht anders. Auch sie quälen sich mit diesen Fragen: Warum habe ich das mit mir machen lassen? Wieso habe ich mich überhaupt darauf eingelassen? Hätte ich es nicht wissen müssen? Hätte ich diese ganze Sache nicht spätestens in diesem oder jenem Moment stoppen müssen? Wieso habe ich ihn*sie nicht durchschaut? Und es bleibt die Angst, nicht verstanden zu werden, sondern immer wieder mit Schuldumkehr konfrontiert zu werden, sobald man über die Erfahrung spricht.

---

[4] Rezente Beispiele hierfür sind #OutInChurch oder die Proteste gegen den inzwischen weggefallenen § 219a StGB.

[5] Beispiele hierfür finden sich u. a. in meinem Buch Reisinger (geb. Wagner), Spiritueller Missbrauch in der katholischen Kirche, 129–147.

Selbstbestimmung im Keim erstickt 23

1.1 Ein personenbezogener Missbrauchsbegriff oder: Warum es entscheidend ist, vom Selbstbestimmungsrecht der Betroffenen auszugehen

Einen Menschen missbrauchen bedeutet, seine Würde und die aus ihr folgenden Selbstbestimmungsrechte zu verletzen, indem jemand anderes sich über seine Autonomie hinwegsetzt und an seiner Stelle über sein persönlichstes Leben entscheidet. Es ist wichtig, hier von der Würde des betroffenen Menschen auszugehen, und nicht etwa von einem gesetzlich garantierten Recht oder von der Absicht des/der Verursacher*in. Denn der betroffene Mensch wird auch dann in seiner Würde verletzt, wenn das Recht des Staates oder der Religionsgemeinschaft, der er zufällig angehört, diese Würde nicht angemessen anerkennt und schützt. Er wird auch dann in seiner Würde verletzt, wenn das nicht die Absicht der Person ist, die das tut, beispielsweise weil sie selbst keinen Begriff von dieser Würde hat und glaubt, im Recht zu sein oder etwas Gutes zu tun, wenn sie an der Stelle oder gegen seinen Willen über einen anderen Menschen bestimmt. Es wäre geradezu zynisch, eine Verletzung der Selbstbestimmung nur deswegen nicht als Missbrauch anzuerkennen, weil der/die Verursacher*in(nen) glaubten, im Recht zu sein oder weil die Selbstbestimmung der betroffenen Person im gegebenen Kontext zufällig rechtlich nicht geschützt war.[6]

Ein paar Beispiele können diesen Punkt veranschaulichen: Die weibliche Genitalverstümmelung (FGM) ist auch dann eine Verletzung der körperlichen Selbstbestimmung, wenn diese Praxis in einem gegebenen Kontext kulturell normalisiert und gesetzlich erlaubt ist, die betroffenen Personen selbst ihn scheinbar freiwillig über sich ergehen lassen und die Praxis an ihren Töchtern fortsetzen.[7] Die intel-

---

[6] Die rechtliche Würdigung einer solchen Tat ist noch einmal eine andere Sache. Hier gilt es, rechtliche Rahmenbedingungen so zu gestalten, dass sie die menschliche Würde und Selbstbestimmung angemessen schützen.

[7] Im Hintergrund stehen machtvolle Normen, die den sozialen Status von Frauen von der Kontrolle weiblicher Sexualität abhängig machen: „The focus of FGM is not primarily on surgical intervention or the manipulation of a girl's or woman's sexual organs but rather on raising the status of the woman/(future) wife or even on initiating her into a 'powerful' secret society. Even when the cutting is experienced as traumatic, the practice is not rejected. Instead, the excised body is viewed as having achieved the aesthetic norm: the genitals in their natural state are denigrated as being unaesthetic, unclean or even as harmful to health. […] Several ethnic groups are convinced of the threatening nature of the clitoris as a male characteristic within the female body. They believe, for instance, that during birth the baby will die if it touches the mother's

lektuelle Indoktrinierung von Menschen in einem totalitären Regime ist auch dann missbräuchlich, wenn sie im betreffenden Staat gesetzlich vorgeschrieben ist und manche Bürger*innen von vornherein gar nicht erst die innere Freiheit und das nötige Wissen aufbauen konnten, um die Indoktrinierung als solche zu durchschauen und sich dagegen zu wehren. Und die körperliche Misshandlung von Kindern war immer schon missbräuchlich, auch in jenen Zeiten, als sie rechtlich und sozial nicht geächtet und weitgehend normalisiert war.[8]

Anstatt die fundamentale Aushebelung von Selbstbestimmungsrechten durch ihre grundsätzliche Nichtanerkennung in einem bestimmten Kontext zum Anlass zu nehmen, in diesen Fällen nicht von Missbrauch zu sprechen, könnte man umgekehrt zu dem Schluss kommen, dass der Missbrauch in diesen Fällen besonders schwer wiegt, weil die Selbstbestimmung Betroffener von vornherein vollumfänglich ignoriert und ausgehebelt wird und sie dadurch ganz besonders verletzlich sind. Je weniger Menschen den Missbrauch als solchen erfassen, je weniger sie sich ihrer Würde und Selbstbestimmungsrechte bewusst sind, je früher und umfassender sie unter dem Einfluss von Menschen stehen, die sie missbrauchen, und je normalisierter dieser Missbrauch ist (beispielsweise wenn er sogar gesetzlich und kulturell verankert ist), desto weniger sichtbare Gewalt ist nötig, um diese Menschen zu missbrauchen. Sie sind bereits im Vorhinein überwältigt. Ihre Selbstbestimmung ist im Keim erstickt. Eine solche Dynamik grundsätzlicher Entmündigung zuzulassen, aufrechtzuerhalten oder von ihr zu profitieren, kann niemals moralisch gerechtfertigt sein, vor allem dann nicht, wenn die daraus resultierende Verletzlichkeit und Verletzungen Betroffener offenkundig werden.

---

clitoris. Thus the circumcisers are proud to do their (religious) duty". Finke, Emanuela, Genital Mutilation as an Expression of Power Structures: Ending FGM through Education, Empowerment of Women and Removal of Taboos, in: African Journal of Reproductive Health / La Revue Africaine de La Santé Reproductive 10 (2006) 13–17; hier: 13.

[8] Eine lesenswerte breite historische Perspektive auf die lange Geschichte der Normalisierung von Gewalt gegen Kinder, unter anderem in katholischen Kontexten, und deren rezente Infragestellung findet sich bei Grüner, Stefan / Raasch, Markus (Hg.), Zucht und Ordnung: Gewalt gegen Kinder in historischer Perspektive, Berlin 2019.

1.2 Die Falle der Schuldumkehr

Fatalerweise führt normalisierte Fremdbestimmung besonders häufig zu Schuldumkehr.[9] Wenn Dritte irrigerweise davon ausgehen, eine betroffene Person wäre vor und während des Missbrauchs im vollen Besitz ihrer Selbstbestimmung gewesen oder hätte eine Pflicht gehabt, das zu sein, gehen sie davon aus, die Person habe ihre Selbstbestimmung „selbstbestimmt" „aufgegeben". Folglich klagen sie die Person an, eine (Mit-)Schuld für den Verlust der Selbstbestimmung, ihre daraus resultierende Verletzlichkeit und den dadurch begünstigten Missbrauch zu tragen. In dieser Dynamik des Nichtverstehens spielen ungleich verteilte Zugänge zu Selbstbestimmungsrechten für Menschen verschiedener Geschlechter, Altersstufen und sozialer Herkünfte eine grundlegende Rolle: Wer nicht mit normalisierter Fremdbestimmung vertraut ist, weil er sich fachlich nicht damit auseinandergesetzt oder sie nicht „am eigenen Leib" erlebt hat, versteht häufig nicht, wie voraussetzungsreich und alles andere als selbstverständlich Selbstbestimmung in einem sozialen Gefüge mit ungleich verteilten Rollen ist. Je privilegierter Menschen in einem bestimmten Kontext sind, desto selbstverständlicher erscheint ihnen (ihre) Selbstbestimmung und desto weniger ist ihnen mitunter bewusst, dass und wie sehr Fremdbestimmung für andere Menschen im selben Setting normalisiert ist und welche Folgen das für diese Menschen hat.

Daher gibt es Schuldumkehr scheinbar paradoxerweise auch dann, wenn Fremdbestimmung in bestimmten Settings, beispielsweise in der Ehe oder im Ordensleben, tendenziell als normalisiert akzeptiert ist. Dann kann es sein, dass Fremdbestimmung religiös verklärt, ihre Bedeutung für Betroffene bagatellisiert und der Verzicht auf Selbstbestimmung heroisiert wird. Betroffene glauben diesen Verklärungen häufig selbst und erkennen die Gefahren, die damit verbunden sind, erst wenn der daraus entstandene Schaden nicht

---

[9] Dies verstärkt sich noch, wenn Betroffene zum Zeitpunkt des Missbrauchs erwachsen waren. Übersehen wird, dass Täter*innenstrategien gezielt die Selbstbestimmung der ins Visier genommenen Personen aushebeln. „Missbrauchstäter*innen arbeiten mit Vernebelungen, um die harte Realität des Übergriffs und die Schädigung vor sich und vor dem Opfer zu verbergen. Im Raum der Kirche werden dafür häufig Spiritualisierungen genutzt. Es wird sorgsam und über längere Zeit eine Sonderwelt aufgebaut, in der das Verbrechen Gnade und der Missbrauch Ausdruck der göttlichen Liebe ist." Hundertmark, Peter, Vorsicht Falle! Täter-Opfer-Umkehr in der Seelsorge wehren, in: Lebendige Seelsorge 74 (2023) 184–188; hier: 187.

mehr zu leugnen ist. In dem Maß, in dem das Umfeld an der Verklärung von Selbstaufgabe festhalten möchte (bspw. weil damit Vorteile für Nichtbetroffene verbunden sind), wird anstelle der Normalisierung von Fremdbestimmung der Selbstbestimmungswille der betroffenen Person problematisiert, indem sie beispielsweise als „selbstbezogen" kritisiert wird. Dahinter steckt die Vorstellung, alles wäre gut gewesen, wenn sie nur ihre Rolle in einem fremdbestimmten Gefüge akzeptiert hätte. Die Unsichtbarkeit der ihr durch diese Rolle entstandenen Verletzungen ist dann nicht mehr nur eine Folge der normalisierten Fremdbestimmung, sondern sie wird selbst zur Norm, zu deren Aufrechterhaltung die betroffene Person selbst genötigt wird. Sie soll über ihre Verletzungen schweigen und keine Selbstbestimmung einfordern, damit das Umfeld weiter an die Harmlosigkeit von Fremdbestimmung (zumindest in diesem Bereich, sei es Ehe, Familie oder Ordensleben) glauben kann.

Diese Dynamik findet sich in allen Bereichen, in denen Menschen Selbstbestimmungsrechte besitzen. In Bereichen, in denen das noch nicht im öffentlichen Bewusstsein ist, wie beispielsweise in der Spiritualität, wird von Außenstehenden besonders häufig übersehen, wie grundlegend und voraussetzungsreich Selbstbestimmung ist. Denn Selbstbestimmung ist mehr als nur die Abwesenheit von äußerem Zwang. Selbstbestimmtes Handeln muss normativ verankert, von nahen Bezugspersonen respektiert und von jeder einzelnen Person gelernt werden. Wer meint, Betroffene spirituellen Missbrauchs hätten „einfach gehen" oder „einfach Nein sagen" können und müssen, übersieht, wie viele Voraussetzungen erfüllt sein müssen, um die innere geistliche Freiheit aufzubauen, die es für so einen Schritt braucht. Wem innere Freiheit genommen ist, der kann sich trotz aller äußeren Freiheiten nicht wehren.

2. Voraussetzungen spiritueller Selbstbestimmung

2.1 Allgemeine Voraussetzungen von Selbstbestimmung

Um selbstbestimmt handeln zu können, benötigen Menschen bestimmte basale Freiheiten und Ressourcen. Das gilt für spirituelles Handeln ebenso wie für jeden anderen Bereich, in dem Menschen Selbstbestimmungsrechte besitzen. Beispielsweise setzt das Erlernen sexueller Selbstbestimmung neben einer grundsätzlich autonomiefreundlichen Erziehung durch die primären Bezugspersonen eine gesetzliche Verankerung sexueller Selbstbestimmung,[10] ein am Konsensparadigma orientiertes gesellschaftliches Klima und den Zugang zu nötigen Ressourcen (wie beispielsweise geeigneter sexueller Bildung oder Verhütungsmitteln) voraus. Oder – um ein anderes Beispiel zu wählen – setzt die Ausübung von Selbstbestimmung im medizinischen Bereich[11] den Zugang zu einem funktionierenden Gesundheitssystem, die gesetzliche Verankerung von Patientenautonomie und den Zugang zu verständlichen medizinischen Informationen voraus, auf deren Grundlage dann eine freie Entscheidung getroffen werden kann. Wenn es allerdings um spirituelle Selbstbestimmung geht, sind solche Voraussetzungen wie rechtlicher Schutz, soziales Klima und der Zugang zu Wissen und Ressourcen weit weniger selbstverständlich als in jenen Bereichen, in denen Selbstbestimmungsrechte mittlerweile sozial anerkannt sind.

2.2 Die mangelnde kirchenrechtliche und soziale Verankerung spiritueller Selbstbestimmung in der katholischen Kirche

Spirituelle Selbstbestimmung ist nicht nur kirchenrechtlich nicht garantiert. Sie ist im Gegenteil kirchenrechtlich ebenso wie durch die kirchliche Verfassung und Praxis vielfach in Frage gestellt, und zwar in zwei Richtungen. Zum Einen behält die Kirchenleitung sich vor,

---

[10] Diese gab es in der Bundesrepublik erst relativ spät. Es lohnt sich, sich mit der Geschichte sexueller Selbstbestimmung und ihrem gesetzlichen Schutz auseinanderzusetzen, bspw. in: Hörnle, Tatjana, Sexuelle Selbstbestimmung: Bedeutung, Voraussetzungen und kriminalpolitische Forderungen, in: Zeitschrift für die gesamte Strafrechtswissenschaft 127 (2016) 851–887; Valentiner, Dana-Sophia, Das Grundrecht auf sexuelle Selbstbestimmung: Zugleich eine gewährleistungsdogmatische Rekonstruktion des Rechts auf die freie Entfaltung der Persönlichkeit, Baden-Baden 2021.

[11] „In Abkehr vom hippokratischen Modell einer paternalistisch geprägten Arzt-Patienten-Beziehung betonen deshalb Medizinrecht und -ethik liberalstaatlich verfasster Gesellschaften die Berechtigung jedes einzelnen Patienten auf ‚Selbstherrschaft' […] und Mitbestimmung über das ‚Ob' und ‚Wie' einer ärztlichen Intervention: ‚Niemand darf sich zum Richter in der Frage aufwerfen, unter welchen Umständen ein anderer vernünftigerweise bereit sein sollte, seine körperliche Unversehrtheit zu opfern, um dadurch wieder gesund zu werden. Diese Richtlinie ist auch für den Arzt verbindlich. Zwar ist es sein vornehmstes Recht und seine wesentlichste Pflicht, den kranken Menschen nach Möglichkeit von seinem Leiden zu heilen. Dieses Recht und diese Pflicht finden aber in dem […] freien Selbstbestimmungsrecht des Menschen über seinen Körper ihre Grenze." Duttge, Gunnar, Patientenautonomie und Einwilligungsfähigkeit, in: Wiesemann, Claudia / Simon, Alfred (Hg.), Patientenautonomie: Theoretische Grundlagen – Praktische Anwendungen, Leiden 2013, 77–90; hier: 90.

Vorgaben für das spirituelle Leben der Gläubigen zu machen ohne diese mitbestimmen zu lassen: Wie (nicht) gebetet werden soll, wer welche Sakramente spenden und empfangen darf, welche Handlungen Sünden sind, wie Gottesdienst zu feiern ist usw. Zum anderen räumt die Kirchenleitung bestimmten Menschen das Recht ein, das spirituelle Leben anderer direkt zu kontrollieren. In der innerkirchlichen Ordnung, die Klerikern mehr Rechte zugesteht als Laien, und Männern mehr als Frauen oder Kindern, sind die Kontrolleure häufig (wenn auch nicht ausschließlich) Priester, die Kontrollierten überwiegend Frauen oder Kinder. Verdichtet findet sich diese Dynamik schließlich in Lebensformen, die besonders stark von kirchlichen Normen geprägt sind, beispielsweise im Priesterseminar oder im Ordensleben.

Spirituelle Selbstbestimmung ist sozial nicht flächendeckend akzeptiert. Auch wenn in den letzten Jahrzehnten vor allem in Ortskirchen der sogenannten westlichen Welt vielfach große Veränderungen stattgefunden haben und offener Zwang beispielsweise in der religiösen Erziehung oder im Ordensleben mittlerweile eher abgelehnt wird, ist doch zugleich noch kein vertieftes Bewusstsein für Selbstbestimmung in Fragen der Glaubenspraxis vorhanden. Die Vorstellung, religiöse Autoritäten hätten eine Art natürliches Recht, die Spiritualität von Gläubigen zu kontrollieren, ist nach wie vor weit verbreitet. Das gilt nicht nur im Ordensleben, auch in der Pfarrseelsorge ist subtiler Druck zu spiritueller Fremdbestimmung immer noch gang und gäbe. Ein Beispiel dafür ist die Erstkommunion- und Firmkatechese, in der Minderjährige oft noch ganz selbstverständlich zu Gottesdienstteilnahme oder Beichte gedrängt werden, unabhängig von ihrer eigenen spirituellen Wahrnehmung, ihren Bedürfnissen und Wünschen. Auch eine autonomiefreundliche religiöse Erziehung in Elternhaus oder Schule ließ nicht unbedingt die Norm. Dass Kinder ohne ihr Einverständnis wie selbstverständlich zum Gebet oder zur Gottesdienstteilnahme verpflichtet werden, teils sogar gegen ihren expliziten Willen, erscheint vielen normal. Wo diese Art der Fremdbestimmung normalisiert ist, herrscht häufig eine entsprechende Verklärung oder Bagatellisierung vor, die dazu neigt, im Konfliktfall eher den Selbstbestimmungswillen der fremdbestimmten Personen zu problematisieren („meine Kinder wollen nicht mehr in die Kirche", „heute geht ja niemand mehr beichten") als die Fremdbestimmung.

Nicht zuletzt fehlt es vielfach auch am Zugang zu den Ressourcen, die nötig wären, damit Menschen spirituelle Selbstbestimmung aufbauen können: vielfältige spirituelle Bildung, breites religiöses Wissen, Zugang zu einer großen Palette an spirituellen Praktiken und zu Menschen und Gemeinschaften, die diese kompetent, autonomie- und grenzwahrend praktizieren.

3. Beispiele für spirituelle Vernachlässigung aus dem Band „Selbstverlust und Gottentfremdung"

Spiritueller Missbrauch beginnt mit Vernachlässigung, und diese beginnt wiederum lange vor dem Verweigern einer guten geistlichen Begleitung und passender geistlicher Ressourcen. Sie beginnt bei der Normalisierung spiritueller Fremdbestimmung und der Abwertung von Selbstbestimmung. Besonders anschaulich wird das in den Erfahrungsberichten Betroffener.[12]

3.1 Selbstbestimmung: undenkbar

Viele Betroffene schildern, wie vollkommen normalisiert Fremdbestimmung in ihrem Leben war. Selbstbestimmung war geradezu undenkbar, beispielsweise weil Fremdbestimmung von Kindheit an als Normalfall erlebt wurde. Für nicht wenige war das mit einer normalisierten Machtausübung der Eltern gegenüber den Kindern und mit einer festgelegten Geschlechterhierarchie verbunden, beides untermauert durch die kirchliche Lehre und eine entsprechend geprägte religiöse Praxis:

> „Katholische Frömmigkeit mit den entsprechenden Rollenvorgaben für Mann und Frau, für Priester und Laien prägte mich nachhaltig. Gehorsam gegenüber den Eltern war selbstverständlich und religiös untermauert. Heute frage ich mich, wie viel diese Erfahrungen dazu beigetragen haben, dass ich in der Ordensgemeinschaft oft mit viel Opferbereitschaft gehorsam war, wo ich aus heutiger Sicht mich hätte wehren müssen." (Gertrud Joseph)
>
> „Aufgewachsen in einer Familie, geprägt von einem kirchlichen Umfeld, aber auch sehr stark beeinflusst von einer geistlichen Gemeinschaft, der meine Mutter angehörte, konnte ich als Jugendliche

---

[12] Alle folgenden Zitate aus Betroffenenberichten entstammen dem Band Haslbeck, Barbara u. a. (Hg.), Selbstverlust und Gottentfremdung. Spiritueller Missbrauch an Frauen in der katholischen Kirche, Ostfildern 2023.

genau diese Begeisterung für das Leben, mit allem, was dazu gehört, wie ich sie mit Freude bei meinen Töchtern sehe, nicht bzw. nicht so unbeschwert erleben. Mir wurden manche Gefühle genommen, die Autonomie über meine Spiritualität und meinen Körper war eingeschränkt." (Cäcilia Görtz)
„Ich weiß gar nicht, ob ich das alles ‚geglaubt' habe, sondern ich bin so aufgewachsen, dass dies eine Selbstverständlichkeit war, die man nicht anzweifeln durfte und ich keine anderen Möglichkeiten kannte." (Cäcilia Görtz)

Diese Prägung in der Kindheit setzt sich für manche bruchlos im Ordensleben fort. Häufig konnten Obere an den in der Familie schon verinnerlichten Geschlechter- und Generationsdynamiken anknüpfen. Immer wieder findet sich der explizite Verweis darauf, dass der Orden die „neue Familie" sei, sodass die Übergriffigkeit, Kontrolle und Fremdbestimmung, die manche Betroffene schon von zu Hause kannten, im Orden von Anfang an normalisiert waren:

„Früher kamen junge Frauen oft von Bauernhöfen ins Kloster. Sie waren es gewohnt, wie eine Art Magd auf die Mutter zu hören. Die Ordensobere als ‚neue Mutter' hatte dann leichtes Spiel." (Majella Lenzen)
„Also hinterfragte ich das nicht und dachte, das muss so sein – im Kloster – und es hieß, dass der Orden die ‚neue Familie' sein sollte. Da war Kontrolle – beispielsweise in einem nicht nur einmal geschriebenen Satz übers Handy: ‚Wo steckst du?'. Da waren die unausgesprochenen Prinzipien wie ‚alle machen alles'." (Felizitas Veith)
„Ich fühlte mich entmündigt und wie ein Kind, dem man Eigenverantwortlichkeit nicht zutraut." (Charlotte Schröder)

In Berichten von (Ex-)Ordensfrauen finden sich Beispiele, in denen Obere ganz selbstverständlich das geistliche Leben der Mitschwestern kontrollieren, und so handeln, als hätten sie volles Verfügungsrecht über die Spiritualität der Schwestern. Sicher ist es kein Zufall, dass dies besonders den Empfang des Beichtsakramentes betrifft. Die Frage der eigenen Sündhaftigkeit ist nicht nur besonders sensibel, sondern auf dem eigenen Gewissen baut auch spirituelle Selbstbestimmung wesentlich auf.[13] Wer in der Frage, welche eigenen

---

[13] Vgl. dazu Fernández, Samuel, Towards a Definition of Abuse of Conscience in the Catholic Setting, in: Gregorianum 102/3 (2021) 557–574.

Handlungen Sünde sind (und welche nicht), und wem man sich damit anvertraut, keine Freiheit hat, ist besonders nachhaltig in der spirituellen Selbstbestimmung eingeschränkt.

> „Alle Schwestern mussten damals zu einem einzigen Beichtvater, das waren große Zwänge. Der Priester kam ins Haus und die Schwestern waren ihm praktisch ausgeliefert. Es waren Aufpasserinnen da, die kontrollierten, ob man auch hinging." (Teresa Jakobs)
> „Mir wurde nahegelegt, den Oberen der Gemeinschaft als Seelenführer zu wählen, wie dies fast alle Schwestern tun würden." (Michaela Mack)
> „Als der Beichtvater das nächste Mal ins Kloster kam, suchte sie mich direkt vor meiner Beichte noch einmal auf und sagte mir: ‚Ich habe dir gesagt, was du zu beichten hast. Ich sage es dir noch einmal im Heiligen Gehorsam! Geh und beichte es!'" (Marietta Klein)

Aber auch jenseits der Beichte finden sich vielfach Beschreibungen dafür, dass Obere selbstverständlich beanspruchen, an Stelle der Schwestern über ihr inneres geistliches Leben zu entscheiden:

> „Der Obere hielt uns an, auf Bitten, die uns gestellt werden, immer Ja zu sagen und möglichst keine Bitte abzuschlagen. Man sollte idealerweise der Antwort ein ‚gerne' oder ‚mit Freude' zufügen. […] Nein zu sagen wurde zum No-Go." (Michaela Mack)
> „Beispielsweise tauchte man als Schwesterngemeinschaft zusammen in Gemeindegottesdiensten oder kirchlichen Veranstaltungen auf – und ging sofort auch wieder geschlossen, ohne groß ein Wort mit den anderen Gemeindemitgliedern gewechselt zu haben." (Felizitas Veith)
> „Einmal, als ich fest entschlossen war, zu gehen und es der Oberin mitteilte, wurde sie sehr ernst und meinte: ‚Ob du gehst oder nicht, entscheide ich!'" (Marietta Klein)

3.2 Spiritualität als Hoheitsgebiet spiritueller Autoritäten

Zur normalisierten Fremdbestimmung gehört es, dass (vermeintlichen) spirituellen Autoritäten oder Expert*innen nicht nur grundsätzlich die Entscheidungshoheit in Bezug auf das spirituelle Leben anderer übertragen ist, sondern ihnen auch grundsätzlich mehr Kompetenz und Legitimität zugesprochen wird als den Betroffenen selbst. Auch hier ist in den Schilderungen Betroffener zunächst einmal eine Normalisierung festzustellen:

„Von Anfang an sagte sie: ‚Ich kenne dich besser als du dich selbst.' Damit hatte sie den Freibrief, alles zu be- und verurteilen, und ich musste mich selbst und alles, was ich sagte, dachte und fühlte, in Frage stellen." (Veronika Nowak)

„Ich war orientierungslos […] ein diffuses Gefühl, dass andere über mich mehr wussten als ich selbst, verunsicherte mich. […] Manchmal wurden Gebete korrigiert, weil sie anscheinend nicht richtig formuliert waren. Es kam auch vor, dass Gebete nachgesprochen werden mussten, damit sie passten und von Gott erhört werden konnten." (Anna Reichmuth)

„In mir verfestigte sich der Eindruck, richtige Entscheidungen ausschließlich in tiefer geistiger Einheit mit den Generaloberen treffen zu können. Meinen eigenen Gedanken und Empfindungen misstraute ich immer mehr. Diese Haltung wurde sehr gefördert. Selbst kleine Entscheidungen sollten nur in Absprache getroffen werden." (Michaela Mack)

„Die richtige Antwort des lieben ‚Herrgotts' wusste natürlich ein Mitglied der Gemeinschaft am besten. Sie hatten quasi durch die Gemeinschaft eine bessere Verbindung zu Gott." (Cäcilia Görtz)

Zugleich schildern Betroffene eine teils extreme Unprofessionalität der Expert*innen, die sich unter anderen in einer notorischen Grenzenlosigkeit, Übergriffigkeit und Rollen- und Situationsunklarheit zeigt:

„Es mischten sich die Positionen, Rollen, Verantwortlichkeiten. Eine Mitschwester war gleichzeitig geistliche Begleiterin, verantwortlich für das Noviziat vor Ort und auch Exerzitienbegleiterin für die jungen Schwestern. Und außerdem die Leitung der Niederlassung." (Felizitas Veith)

„Ich vertraue mich dem Pater auch damit an und mit den psychosomatischen Beschwerden. Er deutet sie als Wachstumsprozess im Glauben, verweist auf Heilige, die durch Krankheitserfahrungen und dunkle Zeiten gehen mussten, um spirituell zu reifen." (Elaia Merced)

„Einmal erzählte er mir von einer Frau, der er nach der Beichte als Buße auflegte, seine Haushälterin zu sein. Sie sei aber nicht fähig gewesen, seine Anliegen zu seiner Zufriedenheit auszuführen." (Romy Nanuk)

„[D]ie Oberin kam herein und schrie mich an [...] Als sie meine Tränen sah, beruhigte sie sich wieder, ich tat ihr wohl leid, auf jeden Fall setzte sie sich neben mich aufs Bett, nahm meinen Kopf in ihre Hände und drückte ihn an ihre Brust, so dass ich ihre Herztöne hören konnte. Mich verwirrte das völlig. Zum einen war ich ausgehungert nach Zuwendung und Anerkennung, zum anderen war es ja gerade diese Person der Oberin, die mich immer wieder so heftig kritisierte." (Marietta Klein)

3.3 Abwertung von Selbstbestimmung

Die Normalisierung von Fremdbestimmung geht häufig mit der Abwertung von Selbstbestimmung einher. Es erscheint unchristlich, egoistisch, unreif oder sündhaft, selbst entscheiden zu wollen, gerade was spirituelle Handlungen angeht. In vielen Berichten Betroffener geschieht diese Abwertung primär durch die „Hintertür", über die Glorifizierung von Selbstaufgabe. Diese hat insbesondere im Ordensleben eine lange Tradition. Durch dieses vermeintlich hehre Ideal erleben viele Betroffene eine besonders effektive und nachhaltige Abwertung und Verhinderung spiritueller Selbstbestimmung.

„Als gemeinsamen Nenner für den seelischen Missbrauch sehe ich die überall herrschende Aussage, dass die eigenen Bedürfnisse absterben sollten, damit wir Gott und unseren Mitschwestern (und der Welt) dadurch besser dienen können." (Charlotte Schröder)
„Wir sollten uns selbst völlig vergessen, ja, unser Ich sollte völlig ausgelöscht werden, damit Gott den ganzen Platz in uns einnehmen könne. Nie auch nur eine Sekunde an sich denken, das war einfach nicht zu schaffen, und wenn ich einem inneren Wunsch nachgab, kam postwendend das schlechte Gewissen." (Michaela Mack)
„Durch die ‚klösterliche Erziehung', in der ich meine Bedürfnisse möglichst loslassen sollte, um frei zu werden für Gott, wusste ich gar nicht mehr wirklich, was mir Freude bereitete." (Marietta Klein)
„[S]chließlich wolle Gott uns demütig. Und Gott wollte, dass wir uns allein an ihm festmachen. Deshalb würde er uns alle anderen Sicherheiten und alles, an dem unser Herz hängt, auch nehmen." (Marietta Klein)

Aber auch die offene Abwertung von Selbstbestimmung spielt in den Berichten eine Rolle. Durch eine spiritualisierte Machtdynamik verlieren sogar Menschen ihre innere Freiheit, die zuvor ein normal selbstbestimmtes Leben geführt haben, denn dieses erscheint ihnen im Lichte der neuen spirituellen Deutung ihres Umfeldes auf einmal falsch.

„Ich fühle es [das Ordensleben, DR] aber nicht als richtigen Weg für mich. Er deutet das als fehlende Entschiedenheit aus meiner Prägung in unserer – wie er es sieht – verweichlichten Gesellschaft heraus." (Elaia Merced)

„Und wieder, dass er für mich bete, dass ich Gottes Wahrheit erkennen und mit ihr in Einklang finden würde. Dass ich dazu jedoch mein eigenes kleines irdisches Wollen, meine menschlichen Vorstellungen, mein postmodernes Gerechtigkeitsverständnis und meine liberalen Wünsche ablegen und mich vorbehaltlos auf Gottes Willen einlassen müsste." (Elaia Merced)

„,Schweigen, leiden, beten', war die Maxime." (Michaela Mack)

„Ich hatte inzwischen so viel Kritik erfahren, so viel Rückmeldungen über meine Verhaltensweisen, die alle nicht klösterlich genug, nicht demütig genug seien, dass ich nicht wusste, wie ich überhaupt Novizin werden könnte. So wurde mein Gebet in diesen Exerzitien: ‚Gott, bitte lass mein Ich sterben, dass nur noch meine Hülle übrig bleibt und die Oberin darin hineinfüllen kann, was eine gute Ordensfrau ausmacht.'" (Marietta Klein)

4. Fazit: Kriterien für die Prävention spirituellen Missbrauchs

Aus der vorliegenden Analyse der Dynamik spiritueller Vernachlässigung und aus den Berichten Betroffener ergeben sich – so bedrückend diese ausfallen mögen – klare Kriterien für die Prävention spirituellen Missbrauchs: Von fundamentaler Bedeutung sind eine rechtlich verbindliche normative Verankerung spiritueller Selbstbestimmung, eine durchgängig am Prinzip spiritueller Selbstbestimmung ausgerichtete Pastoral und ein entsprechend geprägtes kirchliches Klima. Dazu gehört neben der Sicherstellung der Professionalität möglichst aller seelsorglich, ausbildend und leitend Tätigen in allen Bereichen auch die Möglichkeit der Sanktionierung grob unprofessionellen Verhaltens. Das schließt nicht zuletzt die Unterstützung spiritueller Selbstbestimmung durch eine entsprechend grenzwahrende, autonomiesensible und vielfältige spirituelle Bildung ein, die entschieden an die freiheitliche menschenfreundliche Tradition der Kirche anknüpft. Um es in den Worten von Majella Lenzen zu sagen: „Heute ist mir der Satz von Irenäus von Lyon wichtig: ‚Die Ehre Gottes ist der lebendige Mensch.' So will ich leben."[14]

Dr. Doris Reisinger ist Wissenschaftliche Mitarbeiterin am Fachbereich katholische Theologie der Goethe-Uni, Frankfurt. Sie forscht zu sexuellem und spirituellem Missbrauch in der katholischen Kirche, mit Schwerpunkt auf begriffstheoretische und genderspezifische Fragestellungen.

---

[14] Nagel, Regina / Rath, Philippa, Verletzte Würde: Ein Gespräch mit Majella Lenzen, in: Haslbeck, Barbara u. a. (Hg.), Selbstverlust und Gottentfremdung. Spiritueller Missbrauch an Frauen in der katholischen Kirche, Ostfildern 2023, 237–243; hier: 243.

Epistemische Aspekte spirituellen Missbrauchs

Toxische Verknüpfungen von Wissen, Macht und Geschlecht

Magdalena Hürten

„Ich war allein mit meiner Angst und lernte nicht, auf meine Herzensstimme zu hören und zu vertrauen" so beschreibt Elisabeth Eicher ihre Zeit in einer religiösen Gemeinschaft, die von spirituellem Missbrauch geprägt war.[1] Mit dem Verlust des Vertrauens in ihre innere Stimme ging ihr nicht nur die Kompetenz abhanden, Wissen durch die Deutung eigener Erfahrungen und Wahrnehmungen zu bilden, auch die Möglichkeiten, dieses Wissen mit anderen zu teilen und mit ihnen in ein Gespräch darüber zu kommen, waren begrenzt. Eine solche Einschränkung der Wissenskompetenz, wie sie im Kontext spirituellen Missbrauchs häufig auftritt, kann scherwiegende Folgen für Betroffene haben. Der vorliegende Beitrag rückt die epistemischen Aspekte[2] spirituellen Missbrauchs in den Fokus der Betrachtung, um verschiedene Mechanismen herauszuarbeiten, die zur Beeinträchtigung der Wissenskompetenz der Betroffenen beitragen. Diese Mechanismen werden unter dem Begriff der „epistemischen Unterdrückung" zusammengefasst. Anhand der Betroffenenberichte aus „Selbstverlust und Gottentfremdung" können drei Formen differenziert werden, die von individuell fahrlässigem Verhalten bis zu bewusst manipulativen Strategien reichen.[3] Ziel des Beitrags ist es,

---

[1] Alle folgenden Zitate aus Betroffenenberichten entstammen dem Band Haslbeck, Barbara u. a. (Hg.), Selbstverlust und Gottentfremdung. Spiritueller Missbrauch an Frauen in der katholischen Kirche, Ostfildern 2023.
[2] D. h. Aspekte, die sich auf Prozesse der Wissensbildung, wie die Deutung von Wahrnehmungen, und die Kommunikation so gewonnener Erkenntnisse beziehen.
[3] Auf die Verquickung spirituellen Missbrauchs mit epistemischer Unterdrückung wurde bereits verschiedentlich hingewiesen. Durch die Bezeichnung „Missbrauch des Gewissens" hebt Samuel Fernández die epistemischen Aspekte im Kontext spirituellen Missbrauchs prominent hervor; vgl. Fernández, Samuel, Missbrauch des Gewissens erkennen, in: Lebendige Seelsorge 74 (2/2023) 162–167. Dysmas de Lassus erklärt die Strategie, „Macht über das Gewissen zu erlangen" als eine der drei Hauptachsen spirituellen Missbrauchs, vgl. de Lassus, Dysmas, Verheissung und Verrat. Geistlicher Missbrauch in Orden und Gemeinschaften der katholischen Kirche, Münster 2022, 221 f.. Und Ute Leimgruber und Barbara Haslbeck nennen den „Verlust der eigenen Wahrnehmung" zwar nicht als notwendiges, jedoch als häufiges Merkmal von spirituellem Missbrauch, vgl. Leimgruber, Ute / Haslbeck, Barbara, Angriff

das Verhältnis von spirituellem Missbrauch und epistemischer Unterdrückung genauer zu bestimmen sowie spezifisch epistemische Mechanismen der Anbahnung, Durchführung und Vertuschung spirituellen Missbrauchs aufzuzeigen, zu dekonstruieren und auf geschlechtsspezifische Zusammenhänge hinzuweisen. Dabei geht es nicht nur darum, epistemische Ermöglichungsbedingungen des Missbrauchs aufzuzeigen, sondern auch das Unrecht, das den Betroffenen widerfährt, umfassender zu beschreiben.

1. Epistemische Unterdrückung

Der Begriff der „epistemischen Unterdrückung" soll im Rahmen dieses Beitrags als Überbegriff für die verschiedenen Formen des Ausschlusses aus Wissenspraktiken oder der Beschneidung der Wissenskompetenz dienen. Sowohl im politischen Aktivismus als auch in feministischer, anti-rassistischer und postkolonialer Forschung wird schon seit Jahrhunderten auf epistemische Formen der Diskriminierung und Gewalt hingewiesen. Exemplarisch können etwa Sojourner Truth oder Anna Julia Cooper genannt werden, die im 19. Jahrhundert auf die Unterdrückung der Stimmen Schwarzer Frauen[4] hinwiesen.[5] Während diskriminierte Gruppen weiterhin im politischen Bereich für eine angemessene Repräsentation und die Anerkennung ihrer Bedürfnisse und Ideen kämpften, kamen in der zweiten Hälfte des 20. Jahrhunderts wichtige Ansätze auch aus dem wissenschaftlichen Bereich, etwa den postcolonial studies[6] und der queer-feministischen Theorie[7].

---

auf das Innerste. Hinführung zu den Berichten über spirituellen Missbrauch, in: Haslbeck, Barbara u. a. (Hg.), Selbstverlust und Gottentfremdung. Spiritueller Missbrauch an Frauen in der katholischen Kirche, Ostfildern 2023, 17–56; hier: 42.

[4] Hier handelt es sich um eine Selbstbezeichnung der Gruppe, die in der subversiven und widerständigen Aneignung einer Fremdbezeichnung besteht. Die Zuschreibung verschiedener Hautfarben ist jedoch als ein soziales und politisches Konstrukt zu verstehen, was durch die gewählte Schreibweise mit der Großschreibung des Begriffs „Schwarz" verdeutlicht werden soll.

[5] Vgl. Pohlhaus, Gaile Jr., Varieties of Epistemic Injustice, in: Kidd, Ian James / Medina, José / Pohlhaus, Gaile, Jr. (Hg.), The Routledge Handbook of Epistemic Injustice, London, New York 2019, 13–26; hier: 13; May, Vivian M., "Speaking into the Void"? Intersectionality Critiques and Epistemic Backlash, in: Hypatia 29 (1/2014) 94–112; hier: 97f.

[6] Vgl. Spivak, Gayatri Chakravorty, Can the Subaltern Speak? Postkolonialität und subalterne Artikulation (Es kommt darauf an 6), Wien 2008.

1.1 Epistemic Injustice: Wie Vorurteile den Status als Wissenssubjekt untergraben

In ihrem 2007 veröffentlichten Buch „Epistemic Injustice. Power & The Ethics of Knowing" (2023 in deutscher Übersetzung erschienen) macht die Philosophin Miranda Fricker auf eine lange unbeachtete Ungerechtigkeit aufmerksam, die sich gegen die Fähigkeit einer Person richtet, als Wissenssubjekt aufzutreten.[8] Damit thematisiert sie epistemisches Unrecht im Rahmen der wissenschaftlichen Disziplin, deren genuiner Gegenstand das Wissen selbst ist: der Epistemologie. Fricker zeigt, wie bewusst oder unbewusst internalisierte Identitätsvorurteile (z.b. rassistischer oder geschlechtsspezifischer Art) zum Ausschluss von Personen aus Wissenspraktiken führen. Was dies in der Praxis bedeutet, wird mit Blick auf die beiden Formen des Unrechts deutlich, die Fricker differenziert.

1.1.1 Testimoniale Ungerechtigkeit

Testimoniale Ungerechtigkeit („testimonial injustice") tritt auf, wenn eine Person Zeugnis (engl. testimony) über ihre eigenen Erfahrungen ablegt, ihre Zuhörer*innen sie jedoch aufgrund von Vorurteilen nicht als glaubwürdiges Wissenssubjekt einstufen.[9] Diese Ungerechtigkeit müssen z.B. viele weibliche Betroffene sexualisierter Gewalt erleben, wenn ihre Aussage als unglaubwürdig eingestuft wird und man sie als hysterisch oder überempfindlich bezeichnet. Hier wirken jahrhundertealte Vorurteile gegenüber Frauen, nach denen sie emotionsgesteuert handeln sowie einen Hang zur Lüge und eine blühende Fantasie besitzen, die es ihnen erschwere, zwischen Realität und Träumerei zu unterscheiden. Die bloße Existenz der Vorurteile im gesellschaftlichen Diskurs kann dazu führen, dass Frauen in ihrer Glaubwürdigkeit niedriger eingestuft werden als Männer an ihrer Stelle.[10] Werden die Aussagen der Frauen als unglaubwürdig abgelehnt, wird das Unrecht der sexualisierten Gewalt nicht anerkannt.

---

[7] Vgl. Butler, Judith, Psyche der Macht. Das Subjekt der Unterwerfung, Frankfurt am Main 2001; dies., Gefährdetes Leben. Politische Essays, Frankfurt am Main 3. Aufl. 2012; dies., Kritik der ethischen Gewalt, Frankfurt am Main 5. Aufl. 2018.
[8] Vgl. Fricker, Miranda, Epistemic Injustice. Power & the Ethics of Knowing, Oxford 2007. Deutsche Fassung: Fricker, Miranda, Epistemische Ungerechtigkeit. Macht und die Ethik des Wissens, München 2023.
[9] Vgl. Fricker, Epistemische Ungerechtigkeit, 23.
[10] Vgl. Fricker, Epistemische Ungerechtigkeit, 40.

Vielmehr wird die Schuld umgekehrt und die Betroffene zur Täterin gemacht, der unterstellt wird, falsche Anschuldigungen zu erheben. Es ist davon auszugehen, dass weibliche Betroffene spirituellen Missbrauchs mit ähnlichen Vorurteilen konfrontiert werden wie Betroffene sexuellen Missbrauchs. So stellt etwa Peter Hundertmark fest, Täter-Opfer-Umkehr sei „im Kontext sexualisierter Gewalt gegen Erwachsene und spirituellen Missbrauchs nach wie vor gesellschaftlicher Normalfall"[11].

1.1.2 Hermeneutische Ungerechtigkeit

Deutlich präsenter sind in den Betroffenenberichten Erfahrungen, die mit Fricker als hermeneutische Ungerechtigkeit („hermeneutical injustice") bezeichnet werden können. Diesen Begriff prägte sie, um auf Hürden hinzuweisen, die beim Deuten von Erfahrungen bzw. bei der erfolgreichen und verständlichen Kommunikation dieser Deutung auftreten können. In den Berichten wird dies deutlich, wenn Betroffene erst eine Sprache finden mussten, um das Unrecht zu benennen, das ihnen widerfahren war, z. B. Elaia Merced oder Felizitas Veith, oder wenn jemand, dem sie davon berichteten, die Erfahrungen herunterspielte und das Unrecht nicht anerkannte, etwa bei Salome Kühne: „Auf meinen Einwand, diese Botschaften seien düster und würden lähmend wirken, erwiderte die Oberin, ich wolle mich der Realität nicht stellen. Als ich widersprach, wurde ich als unwissend abgefertigt (ich war damals 43)". Um die jeweiligen Erlebnisse zu deuten, greifen Menschen auf bestimmte Muster, Konzepte und Ressourcen zurück. So gibt es etwa eine gewisse Übereinstimmung, was als Gewalt oder als Missbrauch angesehen wird. Gestützt wird dieses allgemeine Verständnis durch offizielle, etwa strafrechtliche Definitionen. Diese geteilten Mittel, die den Rahmen für die Deutung unserer Erfahrungen bieten, bezeichnet Fricker als hermeneutische Ressourcen.[12] Häufig jedoch fehlen solche Ressourcen zur Deutung und Kommunikation von Erfahrungen. Dadurch, dass der Begriff des spirituellen Missbrauchs im deutschen Diskurs erst seit ein paar Jahren fest etabliert ist, waren die Erfahrungen, die dahinterstehen, lange kaum benennbar. Selbst wenn Betroffene Worte fanden, um das

---

[11] Hundertmark, Peter, Vorsicht Falle! Täter-Opfer-Umkehr in der Seelsorge wehren, in: Lebendige Seelsorge 74 (3/2023), 184–188; hier: 187.
[12] Vgl. Fricker, Miranda, Epistemic Injustice and the Preservation of Ignorance, in: Peels, Rik / Blaauw, Martijn (Hg.), The Epistemic Dimensions of Ignorance, Cambridge 2016, 160–177; hier: 163.

erlebte Unrecht zu schildern, wurde dies in der Regel nicht als Missbrauch anerkannt. Auch heute noch ist die Definition als spiritueller Missbrauch nicht universal akzeptiert und hat seine Grenzen, etwa vor dem staatlichen Straf- oder Kirchenrecht, die keinen entsprechenden Tatbestand enthalten. Nun stellt für Fricker nicht jede Lücke in den hermeneutischen Ressourcen einer Gesellschaft eine hermeneutische Ungerechtigkeit dar. Ein Fall hermeneutischer Ungerechtigkeit liegt mit Fricker vor, wenn eine Person daran gehindert wird, eine für sie relevante Erfahrung zu deuten oder verständlich zu kommunizieren, weil sie aufgrund ihrer Identität nicht in ausreichendem Maße zu den geteilten hermeneutischen Ressourcen beitragen kann.[13] Hermeneutische Ungerechtigkeit basiert damit auf hermeneutischer Marginalisierung, dem Ausschluss bestimmter Gruppen von der Produktion allgemeiner hermeneutischer Kategorien und Konzepte. Doch inwiefern können Frauen in religiösen Gemeinschaften als hermeneutisch marginalisiert gelten?

Unter Verweis auf bekannte Ordensfrauen wie Theresa v. Avila, Herrad v. Landsberg oder Edith Stein, die wissenschaftlich tätig waren, erscheint es widersprüchlich, Ordensfrauen als hermeneutisch marginalisiert zu bezeichnen. Auch heute ist es nicht mehr ungewöhnlich, dass Ordensfrauen studieren, evtl. sogar promovieren und langfristig in der Wissenschaft tätig sind. Dennoch ist dies keine Selbstverständlichkeit. Die Erlaubnis für eine weiterführende wissenschaftliche Karriere braucht häufig großes Argumentationsgeschick gegenüber der Ordensleitung. Und auch externen Personen gegenüber müssen Ordensfrauen ihr wissenschaftliches Interesse und Engagement rechtfertigen. Hier zeigt sich innerhalb und außerhalb der religiösen Gemeinschaften das Vorurteil bzw. Ideal der einfältigen Ordensschwester, die sich ganz dem Gebet oder der caritativen Arbeit hingibt und dafür weder Zugang zu Wissen braucht noch selbst als Wissensquelle angesehen wird. Zwar stellen sich viele religiöse Gemeinschaften bewusst gegen diese Vorurteile und pflegen ein anderes Selbstverständnis. Wie die Betroffenenberichte zeigen, gibt es aber auch religiöse Gemeinschaften, die dieses Vorurteil mehr oder weniger explizit reproduzieren. Sehr deutlich wird es etwa an dem Mantra, das ein Oberer Michaela Mack und ihren Mitschwestern mitgab: „Ich bin nichts, ich kann nichts, ich weiß nichts – ohne Gott". Mack resümiert, dass auf weltliches Können und Wissen kein Wert gelegt wurde: „[J]a dieses wurde oft sogar als Hindernis für das

---

[13] Vgl. Fricker, Miranda, Preservation of Ignorance, 163.

Wirken Gottes gesehen". Strukturen und Regeln, die den Zugang zu Literatur und Nachrichten begrenzen (z. B. Marietta Klein, Charlotte Schröder), produzieren hermeneutische Marginalisierung auf einer konkret praktischen Ebene. Elisabeth Eicher spricht in diesem Kontext von einer „spirituellen Mangelernährung". Auch wenn spirituelle und theologische Deutungsversuche unterbunden und der offiziellen Doktrin der Gemeinschaft untergeordnet werden, werden die Mitglieder in ihrer Funktion als Wissenssubjekte eingeschränkt. So berichtet Elisabeth Eicher auch, dass die Generalleiterin das alleinige Deutungsrecht über die Schriften der Gründerin besaß und die übrigen Mitglieder nur einen begrenzten Zugang zu den Schriften bekamen.

1.2 Epistemic Entitlement: Wie ein ungerechtfertigter Anspruch auf Wissen andere in ihrer Wissenskompetenz beeinträchtigt

Eine weitere Form epistemischer Unterdrückung beschreibt die Philosophin Kate Manne in ihrem Buch „Entitled. How Male Privilege Hurts Women"[14], in dem sie neben einem männlichen Anspruch auf Bewunderung, Sex und Macht auch ein Anspruchsdenken im Bereich des Wissens identifiziert: „[E]pistemic Entitlement [dt.: Anspruch/ Recht auf Wissen] bedeutet, dass ein privilegierterer Sprecher für sich selbst von vornherein eine größere Autorität zu sprechen in Anspruch nimmt."[15] Von *Epistemic Entitlement* kann demnach die Rede sein, wenn die privilegiertere Person einen Anspruch auf Wissen vertritt, der ihre formale Macht und Kompetenz überschreitet, wenn sie das Wissen weniger Privilegierter missachtet, wo diese jedoch ein Anrecht hätten, eigenes Wissen einzubringen, und wenn sie neben ihrem eigenen kein anderes Wissen anerkennt oder duldet. Manne fokussiert ein geschlechtsspezifisch vertretenes „Recht auf Wissen", das sich etwa im Phänomen des sog. *Mansplaining* äußert, bei dem ein Mann einer Frau oder einer Gruppe von Frauen einen Sachverhalt (falsch) erklärt, in dem sie einen höheren Expertinnenstatus besitzt/ besitzen als er (*Male Entitlement*).[16] Vergleichbare Anspruchshaltung

---

[14] Manne, Kate, Entitled. How Male Privilege Hurts Women, London 2020.
[15] Manne, Entitled, 141. Übersetzung ins Deutsche durch Magdalena Hürten.
[16] Definition in Anlehnung an Manne, Entitled, 139. Ein paradigmatisches Beispiel von Mansplaining beschreibt Solnit in ihrem Essay „Wenn Männer mir die Welt erklären", vgl. Solnit, Rebecca, Wenn Männer mir die Welt erklären, München 10. Aufl. 2017, 11 –32.

können aber auch in anderen hierarchischen Verhältnissen auftreten. Im Kontext religiöser Gemeinschaften lässt sich ein solches Recht auf Wissen auch zwischen Oberin und „einfachen" Schwestern, zwischen Noviziatsleiterinnen und Novizinnen, zwischen geistlichen Begleiterinnen und denen, die Begleitung suchen, nachweisen. Wie sieht *Epistemic Entitlement* im religiösen Kontext aus? Sehr deutlich zeigt sich dies etwa, wenn eine Noviziatsleiterin zu einer Novizin sagt: „Ich kenne dich besser als du dich selbst" (Veronika Nowak). Auch wenn die Generalleiterin Anspruch auf die einzig gültige Auslegung der Schriften der Gründerin erhebt (Elisabeth Eicher) oder in der Auslegung von Glaubensinhalten nicht von der Leitungspersonen abgewichen werden darf (Charlotte Schröder), ist eine Form des *Epistemic Entitlements* zu attestieren.

Epistemic Entitlement kann sich jedoch auch in einem Anspruch auf das Wissen anderer zeigen, beispielsweise wenn eine Noviziatsleiterin darauf besteht, dass persönliche Probleme und Fragen mit ihr oder der Generalleiterin besprochen werden, nicht aber mit Mitschwestern, wie es Elisabeth Eicher erlebte. Auch Felizitas Veith beobachtete derartiges Verhalten: „Wenn Gespräche mit der eigentlichen Noviziatsleiterin stattfanden, sagte die Oberin jedes Mal vorher zu mir, dort nichts von dem zu sagen, was ich mit ihr besprochen hatte". Als Sr. Maria Kurg von der Oberin ein Ultimatum gestellt wird, innerhalb dessen sie sich für oder gegen die Gemeinschaft entscheiden solle, entgegnet Sr. Maria, sie wolle mit ihrem geistlichen Begleiter darüber sprechen. Die Oberin reagiert darauf mit einem Wutanfall: Sie „schlug [...] mit der Faust auf den Tisch und schrie mich an: ‚Wer bist du denn, du hast mir Gehorsam gelobt!'"

Anders als *Epistemic Injustice* beruht *Epistemic Entitlement* nicht auf Vorurteilen, sondern auf einer ungerechtfertigten Anspruchshaltung, die die Person von ihrem Standpunkt in der sozialen oder institutionellen Hierarchie ableitet. Zudem haben wir es bei den Betroffenenberichten nicht generell mit einem *Male Entitlement* zu tun. Vielmehr sind es hier meist Frauen in Leitungspositionen, die diesen Anspruch in Verbindung mit einem absoluten Gehorsamsverständnis vertreten. Allerdings scheinen Frauen im Gegensatz zu Männern diesen Anspruch nicht allein schon durch ihre Geschlechtsidentität zu erheben. Ihre Leitungsfunktion fungiert als legitimierender Faktor. Und auch hier entfaltet das Stereotyp der einfältigen Ordensfrau seine Wirkung und wird mit dem Ideal der Selbstaufgabe und der absoluten Hingabe kombiniert, die in kirchlichen Kontexten häufig an Frauen, besonders aber an Ordensfrauen herangetragen werden.

Michaela Mack beschreibt sehr eindrücklich, wie in ihrer Gemeinschaft Selbstaufgabe von den Schwestern gefordert und als „Opfer für die Priester" dargestellt wurde:

> Bei uns Schwestern spielte zudem die Berufung zur „geistigen Mutterschaft für die Priester" eine wichtige Rolle. Wir lernten: Alles, was wir tun, beten und aufopfern, kommt in geistiger Weise direkt den Priestern zugute, sodass sie daraus geistige Kraft schöpfen und heilige Priester werden. Ähnlich wie eine Mutter ihrem Kind irdische Nahrung gibt, können wir die Priester auf geistige Weise nähren. Dies bedeutete für die Schwestern auch, äußerlich ganz in den Hintergrund zu treten und sich ganz für die Priester hinzugeben, ja, aus ihrem Leben ein beständiges Opfer für die Priester zu machen bis zur völligen Selbstaufgabe. (Michaela Mack)

Werden diese Bilder und Ideale in religiösen Gemeinschaften evoziert, kann es den Betroffenen als ihre Pflicht erscheinen, den eigenen Status als Wissenssubjekt zu verleugnen und den Verstand ganz an die Leitungsperson zu hängen. Denn „[h]ieß es nicht, wer ganz auf sich selbst verzichtet, wird heilig?" (Michaela Mack). Somit lassen sich auch an den beobachteten Formen von *Epistemic Entitlement* geschlechtsspezifische Faktoren nachzeichnen.[17]

1.3 Gaslighting: Wie manipulatives Verhalten Vertrauen in die Urteilsfähigkeit zerstört

Der Eindruck eines sprunghaften unberechenbaren Verhaltens der Leitungspersonen nach dem „Zuckerbrot und Peitsche"-Prinzip[18] ist sehr prominent in vielen der Betroffenenberichte. Mal agieren die Leiter*innen wertschätzend, loben die Betroffenen oder stellen sie sogar auf einen Sockel, mal können die Betroffenen ihnen nichts recht machen und ernten ausschließlich Kritik und abwertende Kommentare (vgl. Marietta Klein, Veronika Nowak). Dieses Verhalten ist

---

[17] Ein weiterführender Vergleich mit spirituellem Missbrauch in männlichen Gemeinschaften wäre interessant, um die jeweils zugrundeliegenden Ideale und Stereotype zu vergleichen.

[18] Vgl. Haslbeck, Barbara, Die natürlichen Gegebenheiten respektieren. Gespräch mit Äbtissin M. Petra Articus OCist, in: Haslbeck, Barbara u. a. (Hg.), Selbstverlust und Gottentfremdung. Spiritueller Missbrauch an Frauen in der katholischen Kirche, Ostfildern 2023, 264–271; hier: 270.

als bewusste oder unbewusste Manipulation der Betroffenen anzusehen. Sie stellt eine enorme und nachhaltige Verunsicherung der Wahrnehmung der Betroffenen dar und lässt sie ihr eigenes Urteilsvermögen grundlegend in Frage stellen. Im therapeutischen Bereich wird für dieses manipulative Verhalten der Täter*innen seit den 1980er Jahren der Begriff des *Gaslighting* verwendet.[19] Kate Abramson definiert es als "eine Form der emotionalen Manipulation, bei der der *Gaslighter* (bewusst oder unbewusst) versucht, bei einer Person das Gefühl zu erwecken, dass ihre Reaktionen, Wahrnehmungen, Erinnerungen und/oder Überzeugungen nicht nur falsch, sondern völlig unbegründet sind – paradigmatisch gesagt, so unbegründet, dass man sie als verrückt bezeichnen könnte."[20]

Ganz konkret berichtet z. B. Felizitas Veith von dem Gefühl, verrückt zu werden: „Ich war verzweifelt. Zweifelte an mir. Manchmal wusste ich weder aus noch ein. Manchmal hatte ich das Gefühl, verrückt zu werden." Diese „Verrücktheit", die den Betroffenen suggeriert wird, kann entweder in einer Fehl- bzw. Mangelfunktion der epistemischen Ressourcen, also der Verstandesleistung, oder des moralischen Kompasses bestehen. Im ersten Fall wird den Betroffenen nahegelegt, dass ihre Vernunft z. B. durch eine psychische Krankheit oder durch fehlenden Intellekt beeinträchtigt sei. Salome Kühne wurde beispielsweise unterstellt, sie sei (psychisch) krank und wäre mit „der Wahrheit" überfordert. Die Oberin sagte ihr: „Du erträgst einfach meine Stärke und Klarheit nicht. Du kannst mit der Wahrheit nicht umgehen, die ich aus einer Gabe Gottes heraus klar erkennen kann. Bei dir hilft das beste Waschmaschinenprogramm nicht mehr." Die Oberin hebt ihre eigene Erkenntnisfähigkeit hervor und wertet zugleich die Wissenskompetenz Kühnes ab. Die Metapher der „Waschmaschine" lässt nicht nur zufällig an *Brainwashing* denken. Auch der Versuch, einer Person Worte in den Mund zu legen, so lange bis sie selbst nicht mehr weiß, was sie ursprünglich gedacht und gesagt hat oder dies schlicht keine Rolle mehr spielt, kann als *Gaslighting* angesehen werden:

---

[19] Der Name geht auf ein Theaterstück von Patrick Hamilton zurück, das den Namen „Gas Light" trug und in dem ein Ehemann systematisch das Urteilsvermögen seiner Ehefrau manipuliert, damit diese die offenkundigen Hinweise auf seine verbrecherischen Machenschaften nicht zusammensetzt. Die Manipulationen des Ehemanns gehen so weit, dass er versucht, seiner Frau weiszumachen, sie sei psychisch labil. Genauer nachzulesen bei Manne, Entitled, 145–149.

[20] Abramson, Kate, Turning up the Lights on Gaslighting, in: Philosophical Perspectives 28 (2014), 1–30; hier: 2. Übersetzung ins Deutsche und Hervorhebung durch Magdalena Hürten.

„Einmal hatten wir in der Runde der Schwestern von einem schwierigen Erlebnis mit einem Bischof gesprochen. Da sagte ich: ‚Der ist für mich gestorben.' Nun wurde mir vorgehalten, ich wünschte ihm den Tod. Sie nahmen mir nicht ab, was ich selbst über mich sagte, ihre Sicht war die richtige. Sie zwangen mich zu widerrufen." (Salome Kühne)

Wenn Betroffenen vermittelt wird, dass jede Abweichung von der Doktrin der Gemeinschaft oder von der Meinung der Leitungspersonen und jede Kritik „Nestbeschmutzung" sei, hebt das *Gaslighting* auf die moralische Urteilsfähigkeit der Betroffenen ab (Veronika Nowak, Theresia Jacobs). Eine eigenständige Meinung zu vertreten, wird dann als moralisch schlechte, böse Handlung aufgefasst, die ein Unrecht gegenüber der Gemeinschaft, einer Leitungsperson oder Gott darstelle. So berichtet Charlotte Schröder:

„Gedanken, ob ein Leben für immer in der Gemeinschaft der richtige Weg sei, wurden mit dem Kommentar quittiert: Dann zerstörst du deine Berufung und tust etwas gegen den Willen Gottes. Außerdem befindest du dich hier auf der ‚Insel des Heils', draußen ist die ‚böse Welt'." (Charlotte Schröder)

Wie Kate Abramson festhält, ist *Gaslighting* nicht notwendigerweise sexistisch,[21] es lassen sich allerdings verschiedene geschlechtsspezifische Aspekte feststellen. Demnach seien Frauen häufiger von *Gaslighting* betroffen und Männer häufiger in der Position des Täters. *Gaslighting* sei häufig eine Reaktion auf Kritik an sexistischen oder anderweitig diskriminierenden Normen oder *Gaslighting* beruhe darauf, dass die Betroffene bestimmte sexistische Normen internalisiert hat, die durch das *Gaslighting* reproduziert und festgeschrieben werden.[22] Die Lektüre der Betroffenenberichte zeigt, dass ein Großteil der Betroffenen Formen von *Gaslighting* erlebt hat. In den meisten Fällen waren die Täter*innen jedoch Frauen, von *Gaslighting* durch Männer berichten lediglich Elaia Merced und Michaela Mack. Zudem wurde deutlich, dass in einigen der Gemeinschaften mehr oder weniger explizit nach einem Ideal der Hingabe gestrebt wurde, das auch die Aufgabe des eigenen Willens und der eigenen Urteilsfähigkeit inkludierte. Dieses Ideal ermöglicht *Gaslighting*, da es eine gewisse Bereitschaft fördert, das eigene Denken in Frage zu stellen und un-

---

[21] Abramson, Turning up the Lights, 3.
[22] Abramson, Turning up the Lights, 3.

terzuordnen. Zudem wird es durch *Gaslighting* reproduziert und verfestigt, da es den Betroffenen tatsächlich ihre Urteilsfähigkeit raubt. So fasst Felizitas Veith ihren Zustand in Folge des *Gaslighting* und des spirituellen Missbrauchs zusammen: „Wohin waren meine Freude und die Lebendigkeit? Das Lachen? Mein Humor? Und überhaupt das Hinterfragen?"

2. Folgen epistemischer Unterdrückung: Praktisch, epistemisch, symbolisch

Alle drei Formen der epistemischen Unterdrückung haben gemeinsam, dass die Betroffenen nicht als Wissenssubjekte anerkannt werden. Fricker differenziert drei Ebenen, auf denen diese Erfahrung schädlich für die Betroffenen sein kann: auf einer praktischen, einer epistemischen und einer symbolischen Ebene.[23] Auf der epistemischen Ebene geht das Wissen der Betroffenen verloren, das sie äußern wollten.[24] Indem z. B. ihre Kritik und ihre Verbesserungsvorschläge nicht gehört werden, gibt es keine praktische Verbesserung ihrer Situation. Auch der Gemeinschaft gehen so wichtige Impulse zur Weiterentwicklung verloren. Werden Betroffene wiederholt von Wissenspraktiken ausgeschlossen, gehen ihnen Gelegenheiten verloren, ihre epistemischen Kompetenzen (z. B. überzeugendes Argumentieren) zu schulen.[25] Es kann dazu führen, dass sie sich zunehmend aus epistemischen Prozessen zurückziehen und sich schließlich selbst nicht mehr als Wissenssubjekt wahrnehmen. Marietta Klein fasst diese Kapitulation in Bezug auf die eigene Wissenskompetenz in ein Gebet: „Gott, bitte lass mein Ich sterben, dass nur noch meine Hülle übrig bleibt und die Oberin darin hineinfüllen kann, was eine gute Ordensfrau ausmacht." Damit kann epistemische Unterdrückung sich auch auf die Identität der Betroffenen auswirken.[26] Ute Leimgruber und Barbara Haslbeck formulieren den Verlust der eigenen Persönlichkeit in Folge des Verzichts auf eigenständiges Denken und Fühlen daher auch als eines der Merkmale von spirituellem

---

[23] Fricker erläutert dies mit Blick auf das Unrecht der *Epistemic Injustice*. Insofern *Epistemic Entitlement* und *Gaslighting* ebenfalls eine Missachtung eines Wissenssubjekts darstellen, können ihre Ausführungen auch auf diese beiden Formen epistemischer Unterdrückung angewandt werden.
[24] Vgl. Fricker, Epistemische Ungerechtigkeit, 75.
[25] Vgl. Fricker, Epistemische Ungerechtigkeit, 83.
[26] Vgl. Fricker, Epistemische Ungerechtigkeit, 90.

Missbrauch.[27] Charlotte Schröder resümiert die Folgen des spirituellen Missbrauchs entsprechend: „Ich empfand es so, als ob ich keine eigene Persönlichkeit mehr hätte, fühlte mich in meinem Ich und mit meinen Gedanken entwertet." Fricker definiert allerdings noch eine weitere Ebene des Schadens: Da die Teilnahme an Praktiken des Wissens so ein zentraler Bestandteil des Alltags sei, stelle die Missachtung einer Person als Wissenssubjekt auf einer symbolischen Ebene eine Missachtung ihrer Menschlichkeit dar.[28]

3. Fazit: Epistemische Unterdrückung und spiritueller Missbrauch

Die Ergebnisse der epistemologische Auseinandersetzung mit den Berichten über spirituellen Missbrauch, wie sie in diesem Beitrag erfolgt ist, lassen sich in drei Punkten zusammenfassen:

1) Spiritueller Missbrauch und epistemische Unterdrückung sind als zwei eigenständige, jedoch sich überschneidende Formen des Unrechts zu verstehen.

Während sich epistemische Unterdrückung gegen die Kompetenz einer Person richtet, als Wissenssubjekt aufzutreten, stellt spiritueller Missbrauch eine Verletzung des spirituellen Selbstbestimmungsrechts dar. Dieses Selbstbestimmungsrecht umfasst nicht nur das Recht auf freie und eigenständige spirituelle Deutung, die als eine Unterkategorie der Wissenskompetenz verstanden werden kann, sondern auch das Recht auf Freiheit in der Ausübung religiöser Praktiken etc.[29] Zudem sind Formen denkbar, die sich gewaltsam über den Willen der Betroffenen hinwegsetzen, sodass der spirituelle Missbrauch ohne epistemische Unterdrückung auskommt.[30] Auch epistemische Unterdrückung kann ohne spirituelle Komponenten auftreten. Die beiden Formen des Unrechts sind demnach nicht deckungsgleich und können auch unabhängig voneinander existieren. Wie die Betroffenenberichte zeigen, treten sie in religiösen Kontexten jedoch häufig gemeinsam auf, etwa wenn epistemische Unterdrü-

---

[27] Vgl. Leimgruber / Haslbeck, Angriff auf das Innerste, 42.
[28] Vgl. Fricker, Epistemische Ungerechtigkeit, 76 f.
[29] Vgl. Reisinger (geb. Wagner), Doris, Spiritueller Missbrauch in der katholischen Kirche, Freiburg i. Br. 2019, 48, 79.
[30] Vgl. Reisinger (geb. Wagner), Spiritueller Missbrauch, 130.

ckung spirituell aufgeladen und legitimiert wird oder wenn spiritueller Missbrauch über epistemische Unterdrückung angebahnt und ermöglicht wird.

2) Spiritueller Missbrauch und epistemische Unterdrückung stellen eine toxische Verbindung von Wissen, Macht und Geschlecht dar.

Die Kategorie Geschlecht durchzieht die beiden Unrechtsformen in Form von sogenannten „hidden patterns"[31], die als Ermöglichungsbedingungen des Unrechts fungieren und das Verhalten der Beteiligten bestimmen und den Taten so einen spezifischen Charakter aufprägen. Von spirituellem Missbrauch und epistemischer Unterdrückung als geschlechtsspezifische Phänomene zu sprechen, geht weit darüber hinaus, Frauen als das vorwiegend Betroffene Geschlecht zu postulieren und bedeutet keinesfalls, das andere Geschlechter nicht auch betroffen sind. Vielmehr geht es darum, den Einfluss geschlechtsspezifischer Diskriminierungen, Vorurteile und Stereotype auf das Missbrauchsgeschehen ernst zu nehmen und zu dekonstruieren, um die Probleme von ihren strukturellen Wurzeln her angehen zu können.

3) Als Wissenssubjekt anerkannt zu werden und den eigenen Wahrnehmungen wieder trauen zu können, sind entscheidende Schritte aus dem Missbrauch.

Ein Blick auf die epistemischen Aspekte spirituellen Missbrauchs sensibilisiert für diese spezifischen Verletzungspotenziale und ermöglicht ein tieferes Verständnis des Unrechts, das Betroffenen widerfährt, die nicht nur in ihrer spirituellen Selbstbestimmung verletzt werden, sondern denen mit ihrer Wissenskompetenz auch eine Fähigkeit genommen wird, die zentral für die Bestreitung des alltäglichen Lebens und konstitutiv für das Selbstwertgefühl ist. Vertrauen in die eigenen Wahrnehmungen zurückzugewinnen, ist für viele Betroffene ein wichtiger Schritt aus dem Missbrauchsgeschehen und

---

[31] Vgl. Leimgruber, Ute, Hidden Patterns – Überlegungen zu einer machtsensiblen Pastoraltheologie, in: ET-Studies (2020), 207–224; Leimgruber, Ute / Haslbeck, Barbara / Hürten, Magdalena, Missbrauchsmuster – hidden patterns of abuse, online: www.feinschwarz.net/missbrauchsmuster (20.12.2022). [Link eingesehen am 28.9.2023]

zurück in die Selbstbestimmtheit. So formuliert z. B. Anna Reichmuth eines ihrer zentralen Anliegen: „Ich möchte wieder lernen, meinen inneren Wahrnehmungen zu trauen." Damit kommt Begleitpersonen von Betroffenen spirituellen Missbrauchs eine wichtige Aufgabe zu. Denn werden Betroffene nicht ernst genommen und wird ihre Deutung des Unrechts abgelehnt, kann das eine erneute Verletzung darstellen und sich wie ein weiterer Missbrauch anfühlen.

„Priester, bei denen meine Geschichten beim Beichtgespräch zum Thema wurden, gaben mir die Absolution ohne ein Trostwort oder ein Zeichen des Verständnisses. Diese Erlebnisse waren für mich nochmals wie ein Missbrauch meines Vertrauens" (Salome Kühne).

Magdalena Hürten ist wissenschaftliche Mitarbeiterin an der Professur für Pastoraltheologie und Homiletik der Universität Regensburg. In ihrer Doktorarbeit wendet sie die Theorie der *Epistemic Injustice* von Miranda Fricker als Hermeneutik an, um Missbrauchsfälle in der Gründungsgeschichte der Franziskusschwestern Vierzehnheiligen zu untersuchen.

Tatort Seelsorge

Die Rolle von Seelsorge und seelsorglich Handelnden im Umfeld von spirituellem Missbrauch

Ute Leimgruber

Wenn es gut läuft, ist Seelsorge die spirituell fundierte und professionell reflektierte Begegnung von Menschen, bei der Räume entstehen, in denen Gott und das Leben, das Heilige und das Innerste der Begleiteten in eine lebensfördernde und heilsame Relation gelangen können.[1] Wenn es schlecht läuft, wird Seelsorge jedoch zum Tatort, an dem die Integrität einer Person verletzt und ihre spirituelle (und nicht selten auch sexuelle) Autonomie entwertet wird, so dass die begleitete Person alles – sich selbst, ihr Vertrauen in andere Menschen und ihren Glauben an Gott – verliert. Der folgende Beitrag fokussiert auf spirituellen Missbrauch speziell im Umfeld von (Einzel-)Seelsorge, mit Blick auch auf Sakramentenpastoral und geistliche Begleitung, und skizziert die wichtigsten Lernerfahrungen aus der Lektüre der Betroffenenberichte aus „Selbstverlust und Gottentfremdung".[2] In den Betroffenenberichten erscheint Seelsorge zentral als Ort und Mittel von Missbrauch, Unterdrückung und Manipulation.

---

[1] Vgl. grundlegend zu Seelsorge: Nauer, Doris, Seelsorge: Sorge um die Seele, Stuttgart 3. Aufl. 2014; Morgenthaler, Christoph, Seelsorge, Gütersloh 3. Aufl. 2009. Im Folgenden wird der Begriff Seelsorge schwerpunktmäßig verwendet, um Fälle von spirituellem Missbrauch v. a. in der Einzelseelsorge und in seelsorglichen Settings in geistlichen Gemeinschaften in den Blick zu nehmen. Dieser Fokus liegt an der hier angewandten Methode, empirische Fälle mit theologischen Überlegungen zu konfrontieren. Ausdrücklich sei darauf hingewiesen, dass damit kein verengter Seelsorgebegriff vertreten werden soll, der Seelsorge lediglich auf kirchliche Amtsträger beschränkt und eine hierarchisch organisierte Versorgungspastoral meint. Vgl. auch Mette, Norbert, Einführung in die katholische praktische Theologie, Darmstadt 2005, 89–97.

[2] Haslbeck, Barbara u. a. (Hg.), Selbstverlust und Gottentfremdung. Spiritueller Missbrauch an Frauen in der katholischen Kirche, Ostfildern 2023. Der vorliegende Beitrag analysiert Seelsorgesettings, wie sie in den dortigen Betroffenenberichten geschildert werden. Kriterium dafür ist das Selbstverständnis der jeweiligen Agierenden. D. h. im Blick auf die Betroffenen ist ihre Selbstwahrnehmung der Situation als geistliche Begleitung bzw. Seelsorge maßgeblich; für die Täter*innen ist zu fragen, ob sie den Betroffenen gegenüber dezidiert geistliche Begleitung, Seelsorge bzw. „Seelenführung" für sich reklamiert haben.

Nach einer grundlegen Einführung in die Zusammenhänge von Seelsorge und spirituellem Missbrauch (1.) erläutert der vorliegende Artikel fünf relevante Aspekte destruktiver Seelsorge: Unprofessionalität in der Seelsorge in unterschiedlichen Facetten (2.), Seelsorge als spirituelles Gaslighting (3.), Beichte als besonders gefährlicher Ort (4.), Exklusivität der geistlichen Begleitung (5.) und Vermischung von Forum internum und Forum externum (6.). Der Beitrag schließt mit der Beobachtung und einem Appell, dass Seelsorge Resilienzen und Freiheit fördern kann und unbedingt auch sollte (7.).

1. Seelsorge und spiritueller Missbrauch

Die derzeit übliche Definition[3] spirituellen Missbrauchs als Verletzung des spirituellen Selbstbestimmungsrechts,[4] als ein „gewaltsames Eindringen in die spirituelle Intimsphäre einer Person"[5] (Doris Reisinger), als den „erzwungene[n] Zutritt zum Heiligtum des inneren Lebens"[6] (Dysmas de Lassus), macht bereits auf den ersten Blick deutlich, wie gefährlich Seelsorge sein kann, zumal wenn sie in Form von individueller Begleitung von Menschen in Vier-Augen-Gesprächen stattfindet.[7] Denn in seelsorglicher Begleitung geht es oft um spirituell intime Fragen, das „Heiligtum des inneren Lebens" (de Lassus) ist Dreh- und Angelpunkt intensiver Begleitung. Seelsorgesettings sind neuralgische Räume mit einer erhöhten Vulneranz.[8] Die

---

[3] Vgl. auch Leimgruber, Ute / Haslbeck, Barbara, Angriff auf das Innerste. Hinführung zu den Berichten über spirituellen Missbrauch, in: dies., u. a. (Hg.) Selbstverlust und Gottentfremdung. Spiritueller Missbrauch an Frauen in der katholischen Kirche, Ostfildern 2023, 17–56; hier: 19–27.

[4] Vgl. Leimgruber / Haslbeck, Angriff auf das Innerste, 24; Reisinger, Doris, Missbrauch von Menschen oder Missbrauch von Macht? Zur fundamentalen Bedeutung eines personenbezogenen Verständnisses von spirituellem Missbrauch, in: Lebendige Seelsorge 74 (2023) 146–151.Die Fokussierung auf das spirituelle bzw. sexuelle Selbstbestimmungsrecht findet sich auch in Haslbeck, Barbara / Heyder, Regina / Leimgruber, Ute, Erzählen ist Widerstand. Zur Einführung, in: dies. u.a. (Hg.) Erzählen als Widerstand: Berichte über spirituellen und sexuellen Missbrauch an erwachsenen Frauen in der katholischen Kirche, Münster 2020, 13–24.

[5] Reisinger, Missbrauch von Menschen oder Missbrauch von Macht?, 146–151.

[6] De Lassus, Dysmas, Verheißung und Verrat: Geistlicher Missbrauch in Orden und Gemeinschaften der katholischen Kirche, Münster 2022, 220.

[7] So auch Sekretariat der Deutschen Bischofskonferenz (Hg.), Missbrauch geistlicher Autorität. Zum Umgang mit Geistlichem Missbrauch (Arbeitshilfen Nr. 338), Bonn 2023.

[8] Von einer breiten Öffentlichkeit wahrgenommen v. a. mit dem Buch Haslbeck, Barbara u. a. (Hg.), Erzählen als Widerstand: Berichte über spirituellen und sexuellen Miss-

Betroffenenberichte aus „Selbstverlust und Gottentfremdung" bestätigen dies. Seelsorgebeziehungen sind häufig Tatorte spirituellen Missbrauchs und, wie in zahlreichen anderen Veröffentlichungen deutlich geworden ist, damit verbunden auch sexuellen Missbrauchs.[9] In und mithilfe von Seelsorgebeziehungen werden Unterordnungsverhältnisse erzeugt, werden Menschen manipuliert oder durch verantwortungsloses Autoritätshandeln der geistlichen Begleiter*innen abhängig gemacht. Als seelsorglich Begleitete sind Menschen in erhöhtem Maß vulnerabel, besonders dann, wenn sie sich in persönlichen Krisensituationen oder in fragilen Suchbewegungen voller spiritueller Sehnsüchte befinden. Damit korrespondiert die Vulneranz der seelsorglich Begleitenden sowie der zugrunde liegenden Strukturen.[10] Im Mittelpunkt der Analyse stehen dabei u. a. das Selbstverständnis derjenigen, die seelsorglich handeln bzw. spirituelle ‚Anleitungen' geben, theologische Schlüsselkonzepte und kulturelle bzw. religiöse Denkordnungen, in Missbrauchskontexten zudem unsichtbare Muster, die sog. *hidden patterns*[11].

Die Gefahr zeigt sich bereits semantisch: Begriffe wie „Meister" (quasi nie „Meisterinnen") oder „geistliche Väter" (im Ordensbereich häufig auch „Mütter") tragen ein asymmetrisches Verhältnis zu den „Schüler*innen" oder „geistlichen Kindern" a priori in sich. Ob man

---

brauch an erwachsenen Frauen in der katholischen Kirche, Münster 2020; vgl. darin: Keul, Hildegund, Sexuelle und geistliche Gewalt gegen Frauen. Vulnerabilität, Vulneranz und kreativer Widerstand, in: ebd., 233–239 und Heyder, Regina / Leimgruber, Ute, Spiritueller und sexueller Missbrauch an erwachsenen Frauen. Was aus den Berichten von Betroffenen zu lernen ist, in: ebd., 187–220. Im Herbst 2023 wurde der Zusammenhang erneut dokumentiert in einem Gutachten zur Geschichte sexuellen Missbrauchs im Umfeld der römisch-katholischen Kirche in der Schweiz. Laut den Forscher*innen kam es v. a. in drei „sozialen Räumen" mit spezifischen Machtkonstellationen zu Missbrauch; einer dieser Räume sei die „Pastoral", darunter Beichtgespräche; vgl. https://missbrauchkirchlichesumfeld.ch [alle Links eingesehen am 22. 9. 2023].

[9] Vgl. Haslbeck, Barbara u. a. (Hg.), Erzählen als Widerstand: Berichte über spirituellen und sexuellen Missbrauch an erwachsenen Frauen in der katholischen Kirche, Münster 2020; Hoyeau, Céline, Der Verrat der Seelenführer: Macht und Missbrauch in Neuen Geistlichen Gemeinschaften. Hrsg. von Hildegund Keul, Freiburg i. Br. 2023. Vgl. auch Sekretariat der Deutschen Bischofskonferenz (Hg.), Missbrauch geistlicher Autorität, 7.

[10] Vgl. Leimgruber, Ute, Vulnerance of Pastoral Care, in: Religions 13 (2022), 256, www.mdpi.com/2077–1444/13/3/256; dies. Seelsorge als geschlechtsspezifischer Vulneranz- und Resilienzraum – Eine Problemanzeige, in: Theologie der Gegenwart 66 (2023) 15–26.

[11] Vgl. Leimgruber, Ute / Haslbeck, Barbara / Hürten, Magdalena, Missbrauchsmuster – hidden patterns of abuse, Feinschwarz 20. 12. 2022. Online: www.feinschwarz.net/missbrauchsmuster.

sich seelsorglich *Begleitenden* oder „Seelen*führern*" anvertraut, macht einen Unterschied im Hinblick auf die spirituelle Selbstbestimmung. Wer *führt*, weiß, wo es hingehen soll und setzt sich leichter über die innere Autonomie von Menschen hinweg; wer sich hingegen dezidiert als *Begleiter*in* versteht, agiert nicht mit einem Selbstverständnis, von vornherein zu wissen, was für die begleitete Person richtig und gut ist, sondern eher aus einer Haltung heraus, eigenständige Entscheidungen der Begleiteten zu fördern und schließlich auch zu respektieren.[12] Hildegund Keul schreibt in ihrem Vorwort zu Céline Hoyeaus Buch „Verrat der Seelenführer" mit Blick auf Neue Geistliche Gemeinschaften, dass Menschen „eine erhöhte Vulnerabilität gegenüber Missbrauch [haben], weil die geistliche Begleitung oder, in verschärfter Form, die ‚Seelenführung' es erfordert, dass Menschen sich vorbehaltlos öffnen. […] Häufig wird dies ‚Herzensöffnung' genannt, um zu verdeutlichen, dass es um das Innerste, Intimste des Lebens geht. […] Täter:innen nutzen diese Vulnerabilität, die die Öffnung erzeugt, in der geistlichen Begleitung oder ‚Seelenführung' schamlos aus. […] Da es sich um eine ‚Herzensöffnung' handelt, geht die Verletzung besonders tief und kann eine Person selbst dann zerstören, wenn kein körperlicher Übergriff geschieht. Hierin liegt die destruktive Macht des spirituellen Missbrauchs."[13] Viele der Betroffenen, die ihre Geschichte in „Selbstverlust und Gottentfremdung" niedergeschrieben haben, haben diese destruktive Macht des spirituellen Missbrauchs im Kontext von Seelsorge erfahren.

2. Unprofessionalität in der Seelsorge

In ihrem Schreiben „In der Seelsorge schlägt das Herz der Kirche" aus dem Jahr 2022 weisen die deutschen Bischöfe darauf hin, wie fatal Unprofessionalität der Seelsorger*innen und, damit verbunden, wie unverzichtbar ein transparentes Seelsorgeverständnis ist, bei dem die Grenzen der Seelsorge offen gelegt werden:

---

[12] Vgl. Hundertmark, Peter, Vorsicht Falle! Täter-Opfer-Umkehr in der Seelsorge wehren, in: Lebendige Seelsorge 74 (2023) 184–188; hier: 185.

[13] Keul, Hildegund, Einleitung: Missbrauch und Vertuschung in Neuen Geistlichen Gemeinschaften – warum sich der Blick nach Frankreich lohnt, in: Hoyeau, Céline, Der Verrat der Seelenführer: Macht und Missbrauch in Neuen Geistlichen Gemeinschaften. Hrsg. von Hildegund Keul, Freiburg i. Br. 2023, 9–32; hier: 17f.

> „Kirchliche Seelsorge steht im Spannungsgefüge von göttlichem und menschlichem Wirken. Sie weiß darum, dass sie nicht selbst Heil schafft, aber heilsam wirken kann. Seelsorgerinnen und Seelsorger müssen die Begrenztheit und Relationalität ihres eigenen Wirkens verinnerlicht haben. Sie haben darum zuerst und wesentlich eine Vermittleraufgabe, nämlich die Begegnung zwischen Gott und den Personen, die Seelsorge suchen, zu ermöglichen bzw. zu vertiefen und diese zu begleiten. Wer sich bewusst oder unbewusst aus diesem vermittelnden Bezugsrahmen kirchlicher Seelsorge löst, wird höchst anfällig, die seelsorgliche Beziehung zu missbrauchen. Sie missachten die Unverfügbarkeit Gottes und gefährden Menschen, nutzen das ihnen entgegengebrachte Vertrauen aus und – schlimmer noch – sie benutzen andere für eigene geistliche und materielle Zwecke und Interessen."[14]

Unprofessionelles Verhalten in der Seelsorge lässt sich in zahlreichen Facetten beobachten. Im Folgenden sollen einige davon in den Blick genommen werden.

2.1 Mangelndes Bewusstsein für die Grenzen von Seelsorge

In ihrem Grundlagenwerk zu Seelsorge beschreibt Doris Nauer eine Vielzahl von seelsorglichen Rollen und Kompetenzen und macht klar, dass umfassende Professionalität grundlegend für ein komplexes Kompetenzprofil von Seelsorge ist, besonders Einzelseelsorge und geistliche Begleitung bedürfen einer guten Aus- und Fortbildung.[15] Es ist wichtig, dass Seelsorgende die Grenzen ihres Tuns kennen und damit letztlich auch einen Begriff ihrer eigenen Professionalität haben: Was kann Seelsorge (bewirken) und was nicht? Welches konkrete Problem erfordert welche Vorgehensweise, und wo ist der Verweis auf eine andere Person mit anderer Professionalisierung und entsprechenden Methoden notwendig, z. B. medizinisch oder psychologisch-therapeutisch? Unverzichtbar ist ein konkretes Seelsorgekonzept, dazu gehört ein klarer, verantwortet kommunizierbarer Standpunkt, was das eigene Seelsorgetun ausmacht und die oft beschriebene professionelle seelsorgerliche Haltung: theologisch,

---

[14] Sekretariat der Deutschen Bischofskonferenz (Hg.), In der Seelsorge schlägt das Herz der Kirche. Wort der deutschen Bischöfe zur Seelsorge (Die deutschen Bischöfe Nr. 110), 2022, 45.
[15] Vgl. Nauer, Seelsorge, 316.

spirituell, persönlich usw. Hinzu kommt Transparenz bezüglich des eigenen Standpunkts und der angewandten Methoden, z. B. in Fällen von Krisensituationen, Fragen nach Lebensorientierung, Berufungsklärungen, Sakramentenvorbereitung, Beichtgesprächen u.v.m. Nicht zuletzt brauchen auch die Seelsorger*innen wiederum professionelle Unterstützung, so die deutschen Bischöfe:

„Seelsorger und Seelsorgerinnen, die die eigenen theologischen Grundlagen, geistlichen Voraussetzungen und pastoralen Kompetenzen nicht immer wieder selbst reflektieren und z. B. in einer Supervision, kollegialen Beratung oder geistlichen Begleitung überprüfen, wirken intransparent und nicht selten abgehoben. Sie werden zudem unberechenbar und anfällig für Missbrauch ihrer beruflichen Stellung, in der sie andere emotional, psychisch und geistlich erheblich unter Druck setzen können."[16]

Es gehört zu den am häufigsten beobachtbaren Mustern in den Betroffenenberichten in „Selbstverlust und Gottentfremdung", dass Seelsorger*innen ihre Rollen nicht reflektieren, die Selbstbestimmungsrechte der Begleiteten ignorieren und die Grenzen der Seelsorge nicht beachten. Seelsorge(-gespräche) und ein bestimmtes geistliches Instrumentarium – beichten, beten, fasten u. ä. – erscheinen als Heilmittel für fast alle Schwierigkeiten. Im Fall von Victoria Gabriel konzentrierte sich alles auf die Beichte:

„In der Beichte sprach ich mit Finjas darüber, dass ich mich einsam fühlte und kraftlos. Ich war häufig krank, hatte immer wieder Erkältungen und starke Rückenschmerzen. Er sagte, ich solle mehr beten und Gott darum bitten, mir zu zeigen, was die Einsamkeit bedeutet, sie auch von Jesus füllen lassen. Und ich solle mir Kraftquellen suchen." (Victoria Gabriel)

Helfen die empfohlenen geistlichen Mittel nicht oder wird alles gar noch schlimmer, kann die Verantwortung mittels einer fatalen Täter-Opfer-Umkehr von der Seelsorge bzw. der Seelsorgeperson auf die begleitete Person übertragen werden, die zu wenig oder falsch betet, fastet usw. Dies führt dazu, dass konkrete somatische oder psychische Leiden teils erst hervorgerufen, schließlich spiritualisiert und

---

[16] Sekretariat der Deutschen Bischofskonferenz (Hg.), In der Seelsorge schlägt das Herz der Kirche, 46. Vgl. auch dies. (Hg.), Missbrauch geistlicher Autorität, 10.

nicht selten verstärkt statt gelindert werden.[17] Felizitas Veith, die nach guten Erfahrungen mit einer Exerzitienbegleiterin voller Euphorie in deren Ordensgemeinschaft eintritt, schreibt über die Seelsorge im Orden:

> „Über den Glauben, die Beziehung zu Gott, wurde in der Begleitung kaum mehr geredet. Ich sei ja ein spiritueller Mensch und mir müsse man nichts mehr beibringen […]. In den Gesprächen wurde viel psychologisiert. Ich sollte lernen, mein Inneres nach Außen zu bringen. Da müsse ich ,durch', um in der Nachfolge Jesu zu stehen. Für mich war es anstrengend und schlimm. […] Mir wurde in Begleitgesprächen der Eindruck vermittelt, ich solle das Leid als Auftrag Gottes ertragen und mich dadurch für das Wirken Gottes öffnen. […] ich bekam das Gefühl, ,falsch' zu sein […]." (Felizitas Veith)

Missbräuchliche Seelsorge ist destruktiv und provoziert genau das Gegenteil von dem, was Seelsorge eigentlich bewirken soll: Anstatt das Selbstsein zu fördern[18] führt sie zu Selbstverlust und Gottentfremdung. Noch einmal Felizitas Veith: „Wohin waren meine Freude und die Lebendigkeit? Das Lachen? […] Wo war […] die Nähe Gottes? Alles so unfassbar weit weg."

2.2 Vermischung von Seelsorge und Therapie

Häufig berichten Betroffene davon, dass einerseits Seelsorgende unreflektiert psychologische Dynamiken in Gang setzen (z. B. durch unbedachte Interventionen), oder dass andererseits Seelsorgende sich als universal Zuständige verstehen und dadurch gewaltvoll agieren. Doris Nauer schreibt: „Seelsorge kann für alle am Seelsorgeprozess beteiligten Personen extrem negative Folgewirkungen mit sich bringen. SeelsorgerInnen können […] ihrem Gegenüber durch unprofessionelles und unsensibles Verhalten (zusätzlichen) Schaden zufügen"[19]. Die Aneignung pastoral-psychologischer Kompetenzen könne Seelsorger*innen zudem darin unterstützen, ihre eigene Rolle

---

[17] Zu den unterschiedlichen Ebenen der Viktimisierung vgl. Leimgruber, Ute, Welche Erinnerung zählt? Die UnSichtbarkeit geschlechtsspezifischer Gewalt im Raum der Kirche, in: Keul, Hildegund (Hg.), UnSichtbar. Vulnerabilität, Vulneranz und Menschenrechte, Würzburg 2023, 103–130.
[18] Vgl. Morgenthaler, Seelsorge, 113.
[19] Nauer, Seelsorge, 295.

richtig einzuschätzen und sich nicht fatalerweise „als *Minitherapeutlnnen* oder gar als *SupertherapeutInnen* (miss)zuverstehen"[20]. Die realistische Einschätzung der eigenen Seelsorgetätigkeit, die keine Psychotherapie ist,[21] gleichwohl aber auf der Basis psychologischen Grundwissens arbeitet, verhindert Missbrauch. Nicht nur in der Begleitung von Missbrauchsbetroffenen, sondern auch zur Prävention sollte umfassendes Wissen um die Dynamiken von Missbrauch – viele von ihnen psychologisch – zum Standard seelsorglicher Begleitung gehören, so Peter Hundertmark: „Um professionell agieren zu können, müssen Seelsorgende deshalb die Missbrauchsmuster und Missbrauchsfolgen – Anbahnungswege, Manipulationsstereotypen, Schuldumkehr, Schein-Einvernehmlichkeit, Täterintrojekte, posttraumatische Belastungen usw. – kennen und durchschauen lernen"[22] – bei anderen und bei sich selbst. Wo hingegen nicht die Situation und die Bedürfnisse der begleiteten Person, sondern die Interessen und spirituellen Erfahrungen der Seelsorger*in handlungsleitend sind, ist Missbrauch vorprogrammiert. Gertrud Joseph, die jahrzehntelang in einer Ordensgemeinschaft lebte, schreibt über ihre ehemalige Oberin:

> „In meiner Abwesenheit hatte sie neue Erfahrungen mit einer Methode zur Begleitung von Menschen mit traumatischen Erlebnissen gemacht. Sie war ganz begeistert davon, und ohne die erforderliche Ausbildung zu absolvieren, wollte sie uns alle mit dieser Methode begleiten. Ein an und für sich nützliches psychologisches Hilfsmittel wurde bei ihr religiös überhöht, im Gehorsam verlangt – mit nachhaltigen Konsequenzen." (Gertrud Joseph)

Fälle spirituellen Missbrauchs zeigen, dass die Gefahr nicht so sehr in einem zu wenig an Spiritualität und zu viel an einer „professionell betriebene[n] Seelsorge"[23] besteht, wie es die deutschen Bischöfe befürchten, sondern dass es gar keine Standards professionell betriebener Seelsorge gibt. Stattdessen sind spirituelle Überhöhungen,

---

[20] Nauer, Seelsorge, 296. Hervorheb. ebd.
[21] Auch die deutschen Bischöfe machen die Grenzen von Seelsorge deutlich: „Die Seelsorge ist keine professionelle Psychotherapie und sollte im Wissen um ihre eigenen Stärken und Grenzen auch nicht versuchen, an deren Stelle zu treten." Sekretariat der Deutschen Bischofskonferenz (Hg.), In der Seelsorge schlägt das Herz der Kirche, 26.
[22] Hundertmark, Vorsicht Falle!, 188.
[23] Sekretariat der Deutschen Bischofskonferenz (Hg.), In der Seelsorge schlägt das Herz der Kirche, 36.

unreflektierte emotionale Nähe und die Verstrickung von Begleiteten in (psychische) Zwänge und Abhängigkeiten zu beobachten.

2.3 Seelsorgliche Begleitung durch nicht ausgebildete Personen

Die deutsche Bischofskonferenz macht unmissverständlich klar, dass Seelsorger*innen die erforderlichen Kompetenzen aufweisen müssen, um „die geforderte Qualität in dem konkreten pastoralen Handlungsfeld zu garantieren"[24]. Hierzu brauche es klare Qualitätsstandards in der Seelsorge: „Um ihrer eigenen Glaubwürdigkeit willen muss die Kirche für die kirchliche Seelsorge Standards formulieren, die deren Qualität sichern sollen."[25] Dies gilt für alle in der Seelsorge Tätigen: „Die Sicherstellung und Entwicklung der Qualität in der Seelsorge ist auch in Bezug auf Ehrenamtliche zu gewährleisten, die im Namen der Kirche einen Seelsorgeauftrag wahrnehmen"[26], so die Deutsche Bischofskonferenz. Wichtig in der Frage nach guter Seelsorge im kirchlichen Auftrag – und bezahlt von Diözesen oder (Ordens-)Gemeinschaften – ist mithin die Frage nach Qualität und den Kompetenzen derer, die seelsorglich tätig werden, egal ob haupt- oder ehrenamtlich, ob mit oder ohne Weihestatus. Denn insofern Seelsorge und geistliche Begleitung im kirchlichen Auftrag durchgeführt werden, hat spiritueller Missbrauch unweigerlich auch einen ekklesialen Aspekt.[27]

Es ist oftmals Kennzeichen von spirituellem Missbrauch, dass seelsorgliche Begleitung im engen Sinn auf nicht dafür ausgebildete Personen übertragen wird, besonders häufig ist dies in Neuen Geistlichen Gemeinschaften und speziellen Evangelisierungsprojekten zu beobachten. Menschen ohne entsprechende Qualifikation

---

[24] Sekretariat der Deutschen Bischofskonferenz (Hg.), In der Seelsorge schlägt das Herz der Kirche, 40.
[25] Sekretariat der Deutschen Bischofskonferenz (Hg.), In der Seelsorge schlägt das Herz der Kirche, 40.
[26] Sekretariat der Deutschen Bischofskonferenz (Hg.), In der Seelsorge schlägt das Herz der Kirche, 41.
[27] Vgl. Fernández, Samuel, Victims Are Not Guilty! Spiritual Abuse and Ecclesiastical Responsibility, in: Religions 13 (2022), 427. https://www.mdpi.com/2077-1444/13/5/427. Geistliche Autorität ist kirchlich; sie wird jemandem von der Kirche verliehen. Dieses kirchliche „Gütesiegel" versetzt katholische Geistliche nicht nur in eine Position, in der sie andere missbrauchen können, sondern bedeutet auch, dass jeder Schaden, den sie mit dieser geistlichen Autorität anrichten, auf die gesamte Kirche zurückfällt. Vgl. auch Fernández, Samuel, Towards a definition of abuse of conscience, in: Gregorianum 102 (2021), 557–574.

finden sich in interpersonellen Dynamiken wieder, für die sie nicht gerüstet sind.

> „Ich muss einleitend sagen, dass kein Mitglied des zehnköpfigen Leitungskreises (alles Laien) eine theologische, pädagogische oder andere Ausbildung hatte, um sehr junge Menschen geistlich zu begleiten und um andere Menschen zu evangelisieren." (Jule Sandemann)
>
> „Es gab nun auch […] Seelsorgegruppen […]. Obwohl ich keine Erfahrung und keine Ausbildung bezüglich meines Ressorts hatte – das hatte niemand in seinem Ressort – habe ich zugesagt, im Vertrauen, dass Gott mich ausrüsten und stärken würde dazu. In dieser Haltung haben auch alle anderen ihre Aufgabe angepackt, weil wir das so gelernt haben. […] Es hieß immer: ‚Der Heilige Geist wird uns schon helfen' […] Im Nachhinein empfinde ich diese Haltung, nur mit dem Heiligen Geist mit Menschen zu arbeiten, als überfordernd oder sogar fahrlässig und gefährlich, weil Menschen dabei unbewusst manipuliert werden können, um dem Ziel der Bewegung zu dienen." (Michaela Mack)

Die mangelnde Professionalität wird hier wie auch anderswo durch die Gewissheit ersetzt, im Sinne Gottes und mit Unterstützung des Heiligen Geistes zu handeln. Von da ist der Schritt nicht mehr weit, dass die Stimme der Seelsorgenden bzw. der Geistlichen Begleitung zur authentischen Stimme Gottes umgedeutet wird.[28]

2.4 Unklare Grenzen zwischen kirchlichem Dienst und privaten Beziehungen

Ein Aspekt von Professionalität ist die Trennung von beruflichen und privaten Sphären. Besonders in Gemeinschaften bzw. Gemeinden, in denen man eng miteinander lebt und viel Zeit miteinander verbringt, verschwimmen die Grenzen in den Beziehungen häufig. Umso

---

[28] Prominent hat Klaus Mertes auf die Verwechslung von menschlicher mit göttlicher Stimme im Bereich geistlichen Missbrauchs hingewiesen: Mertes, Klaus, Geistlicher Missbrauch. Theologische Anmerkungen, in: Stimmen der Zeit 2 (2019), 13–22. Fernández beschreibt die Konsequenz pointiert: „die Opfer von Gewissensmissbrauch denken: ‚Wenn ich meinem Oberen nicht blind gehorche, werde ich Gott nicht treu sein." Fernández, Samuel, Missbrauch des Gewissens erkennen, in: Lebendige Seelsorge 74 (2023) 162–167; hier: 163.

wichtiger ist es, als Seelsorger*in die eigene berufliche Rolle transparent zu reflektieren. Victoria Gabriel, die über Jahre hinweg in einem spirituellen Abhängigkeitsverhältnis mit ihrem Beichtpriester stand, beschreibt die Vermischung der Bereiche bereits als Groomingstrategie des Täters: „Er würde zwar nicht gerne Menschen die Beichte abnehmen, die er gut kennt, aber er bot sich trotzdem an." Es ist häufiger zu beobachten, dass die Täter*innen zu Beginn der Missbrauchsbeziehung auch in seelsorglichen (also per se asymmetrischen) Beziehungen mit den Betroffenen eine Art Freundschaft geknüpft und damit ‚Augenhöhe' simuliert haben – eine Balance, die aber in einem Seelsorgeverhältnis stets ausgeschlossen ist. Bei Elaia Merced führt die freundschaftlich-vertrauliche Beziehung, die der Täter ihr gegenüber von Anfang an gefördert hat – „es berührte mich und ehrte mich in gewisser Weise auch, dass er sich da [in den sog. geistlichen Gesprächen; U.L.] so öffnete" –, dazu, dass sie ihre inneren Warnsignale ignoriert: „[…] der Pater [war] irgendwie zu meiner spirituellen Begleitungs- und Vertrauensperson geworden, der ich viel erzählte – ich kann nicht mehr verstehen, wie er sich über meine ursprüngliche Zweifel und mein Misstrauen in seine Person hinwegzusetzen vermocht hatte". Sie beschreibt, wie er auf der Basis von „viel Zeit und Aufmerksamkeit" und ohne die Rollen in ihren geistlichen Gesprächen zu klären, zunehmend Druck auf sie ausübt, sich für ein Leben in einer Ordensgemeinschaft zu entscheiden und ihre Gottesbeziehung in Frage zu stellen.

Es sollte klar sein, dass Missbrauch verhindert werden kann, indem die Seelsorgeperson unmissverständlich die Grenzen des kirchlichen Auftrags kommuniziert und ggf. in ihrem jeweiligen Umfeld (d. h. auch bei den Vorgesetzten) auf den Rollenwechsel bzw. Überschneidungen zwischen privatem und beruflich-kirchlichem Engagement hinweist, sie führt die Seelsorgegespräche in ‚neutralen' kirchlichen Räumen und nicht in den eigenen Privaträumen, sie unterlässt intime Begegnungen (z. B. Sauna, Wellness u. ä.) und körperlich-sexualisierte Kontakte vollständig.[29]

---

[29] Vgl. hierzu den herausragenden Verhaltenskodex des Bistums Chur (Schweiz): Iten, Karin / Loppacher, Stefan, Verhaltenskodex zum Umgang mit Macht Prävention von spirituellem Missbrauch und sexueller Ausbeutung, hg. v. Prävention von Machtmissbrauch im Bistum Chur, c/o Katholische Kirche im Kanton Zürich, Zürich 2021. Online: www.zhkath.ch/kirche-aktuell/kirche-im-kanton/2022_verhaltenskodex_macht_bistum_chur.pdf. Bereits 2002 erschienen ähnliche Richtlinien: Schweizer Bischofskonferenz (Hg.), Sexuelle Übergriffe in der Seelsorge. Richtlinien für die Diözesen, o.V. 2002.

Romy Nanuks Beziehung zu einem Priester begann emotional euphorisiert – „'Wir sind ein Dream-Team, ein Erlöserteam', schrieb er" –, gleichzeitig habe er „von Anfang an spirituellen Einfluss auf mich genommen." War es zunächst keine explizite Seelsorgebeziehung, spendete der Täter ihr später über einen längeren Zeitraum hinweg einmal pro Woche die Krankensalbung, sie erneuerte in seinem Beisein mehrfach ihr Taufgelübde, und er diagnostizierte an ihr eventuelle Besessenheit, die er mit Gebeten und exorzistischen Ritualen zu kurieren versuchte. Trotz eines Distanzierungsversuchs „verschaffte sich [der Priester] persönlich Zugang, er stand öfters an meiner Haustür, schickte mir auf dem Postweg Geschenke." Die Geschichte Nanuks ist ein Beispiel für spirituellen Missbrauch eines Seelsorgers, der zwischen Privatleben und kirchlichem Dienst keine Trennlinie zieht. Er greift als vertraute Person durch kirchliche Rituale und Sakramente auf eine bereits traumatisierte Person mit Einflussnahme, Kontrolle und Drohkulissen manipulativ ein und treibt diese bis in die Suizidalität.

3. Spirituelles Gaslighting

In ihrem Beitrag in diesem Band zu epistemischen Aspekten spirituellen Missbrauchs nennt Magdalena Hürten *Gaslighting* als einen von drei Mechanismen epistemischer Unterdrückung, bei der die Betroffenen dergestalt manipuliert werden, dass sie die Darstellungsweise durch den*die Täter*in übernehmen und schließlich an ihrer eigenen geistigen Gesundheit zweifeln.[30] Neben dieser Art der kognitiven und moralischen Manipulation, bei der die Betroffenen verstandesgemäß oder moralisch „verrückt" zu werden scheinen und nicht mehr wissen, was faktisch richtig und was ethisch gut ist, lässt sich im Bereich spirueller Missbrauchstaten zudem *spirituelles Gaslighting* beobachten: Die Betroffenen wissen nicht mehr, was im Glauben richtig und gut ist und halten sich selbst in ihrer Spiritualität und ihrem Gewissen für unzurechnungsfähig. In der Seelsorge zielt *spirituelles Gaslighting* häufig auf die Glaubenssätze und Glaubensfähigkeit der betroffenen Person; sie misstraut der eigenen Wahrnehmung in Bezug auf ihre Gottesbeziehung, wird zunehmend verwirrt, erfährt sich als emotional und spirituell erschöpft; häufig treten

---

[30] Vgl. in diesem Band: Hürten, Magdalena, Epistemische Aspekte spirituellen Missbrauchs. Toxische Verknüpfungen von Wissen, Macht und Geschlecht, bes. 44–47.

somatische Beschwerden hinzu, die von den Täter*innen erneut ‚seelsorglich behandelt' werden (müssen).

„Finjas lud mich ein, diesem Angebot Gottes auf den Grund zu gehen. Er bot sich an, mich dabei zu begleiten. Er nannte es ‚geistliche Begleitung'. Ich weiß bis heute nicht warum, aber ich war nach diesem Gespräch völlig aufgewühlt, mir kamen die Tränen, und ich verstand nicht warum. Kurz darauf bekam ich eine lange Mail von Finjas, in der er mir erklärte, dass diese Tränen ein Zeichen dafür seien, dass ich wirklich eine Gottesbegegnung hatte und schon nur das Ansprechen des Themas mein Herz daran erinnert hat. Mein Herz sehne sich danach, von Jesus gestillt zu werden. Er malte mir aus, wie wunderschön diese Erfahrung ist, und dass ich, nachdem Jesus jetzt einen Schritt auf mich zugegangen war, nun den Schritt des Vertrauens in Jesus gehen müsse und je schneller ich das tun würde, desto schneller würde ich auch die Früchte sehen, das tiefe Glück, das Jesus mir schenken wolle. Am Ende drückte er noch aus, wie sehr er sich über all das für mich freue und bot sich wieder als Gesprächspartner an. Und so begannen wir mit regelmäßigen Gesprächen." (Victoria Gabriel)

Sie wird emotional und spirituell von ihm abhängig, beginnt sich nach Jahren zu distanzieren, doch die durch das *Gaslighting* internalisierten Normen wirken weiterhin:

„Ich hatte oft das Gefühl, dass diese freie Form, den Glauben zu leben, die ich bei anderen beobachtete, für mich verboten war. Innerlich konnte ich mich nicht von dem lösen, was Finjas mir beigebracht hatte." (Victoria Gabriel)

Elaia Merced gelingt schließlich der Abstand von der toxischen Seelsorgebeziehung, als sie nach langer Zeit der Isolation mit ihrer Familie Zeit verbringt:

„Erst in der vertrauten Umgebung meiner Familie nahm ich wahr, wie ich mir und meinen Einstellungen und Werten fremd geworden war, wie viele Gedanken in meinem Kopf waren, die nicht meine waren, und wie sehr ich überhaupt nicht mehr wusste, wer ich war." (Elaia Merced)

Sie beschreibt den Eingriff in ihre intimsten Gedanken, sie habe lange Zeit sogar ihre Tagebucheintragungen zensiert und Dinge weggelassen, zu denen sie „vor dem Pater nicht hätte stehen können, aus Angst, er könnte mich nicht gläubig genug finden", letztlich unterbindet sie weitere Treffen mit ihm, weil „das, was er in Gottes Sinne gut für mich meinen mag, meine Spiritualität existenziell gefährdet". Spirituelles *Gaslighting* raubt den Betroffenen ihre spirituelle Urteilsfähigkeit, sie halten ihren bisherigen Glauben für falsch, unkatholisch, sich selbst als nicht rechtgläubig, häufig versucht der*die Täterin das Gottesbild der Betroffenen durch sein*ihr Gottesbild zu ersetzen. So greift der Missbrauch direkt ein in ihren Glauben, in ihr Gewissen und damit in „die verborgenste Mitte und das Heiligtum im Menschen, wo er [der Mensch; U.L.] allein ist mit Gott, dessen Stimme in diesem seinem Innersten zu hören ist" (GS 16). Dysmas de Lassus nennt dies „geistlichen Missbrauch im eigentlichen Sinn des Wortes"[31] und betont, dass „niemand Autorität über das Gewissen haben kann. [...] Wer sich dem Gewissen eines anderen aufzwingt, behandelt ihn daher nicht als Menschen, egal wie gut er es meinen mag."[32]

4. Beichte als besonders gefährlicher Ort

Dass die Beichte ein Ort von besonderer Gefährdung und Vulneranz im Blick auf spirituellen und sexuellen Missbrauch und seine Vertuschung ist, wurde bereits an anderer Stelle dargelegt.[33] Es lassen sich vielfältige Missbrauchserfahrungen im Rahmen der Beichte beobachten, und diese sind nicht einfachhin mit Fehltaten einzelner Personen zu erklären, sondern immer auch mit Formen struktureller Gewalt[34] verbunden. Allgemeiner formuliert: Seelsorgebeziehungen weisen ‚strukturelle Gefahren' auf. Im Fall Beichte gehören dazu

---

[31] De Lassus, Verheißung und Verrat, 226.
[32] De Lassus, Verheißung und Verrat, 225.
[33] Vgl. Karl, Katharina / Weber, Harald (Hg.), Missbrauch und Beichte: Erfahrungen und Perspektiven aus Praxis und Wissenschaft, Würzburg 2021. Leimgruber, Ute, Die Vulneranz von Seelsorgesettings im Blick auf den sexuellen Missbrauch erwachsener Personen, in: Dirscherl, Erwin / Weißer, Markus (Hg.), Wirksame Zeichen und Werkzeuge des Heils? Aktuelle Anfragen an die traditionelle Sakramententheologie, Freiburg 2022, 188–204.
[34] Vgl. zu struktureller Gewalt bis heute maßgeblich: Galtung, Johan, Strukturelle Gewalt. Beiträge zur Friedens- und Konfliktforschung, Reinbek 1988; theologisch im Blick auf klerikale Macht diskutiert bei: Hallay-Witte, Mary, Institutionelle Vulneranz und Vulnerabilität: Sich anvertrauen – ein ethischer Moment, in: Keul, Hildegund / Müller, Thomas (Hg.), Verwundbar. Theologische und humanwissenschaftliche Perspektiven zur menschlichen Vulnerabilität, Würzburg 2021, 72–84.

theologische Machtstrukturen wie beispielsweise die „sacra potestas" als Absolutionsvollmacht des Priesters, semantische Asymmetrien wie sie sich in Sprachspielen wie „Beichtvater" – „Beichtkind" ausdrücken und die der Beichte inhärente „Gehorsams- und Unterwerfungsbeziehung"[35]. Auch die konkrete, häufig intime Gesprächssituation zwischen zwei (professionell, amtstheologisch, psychologisch usw.) ungleichen Personen generiert, strukturell untermauert, ein erhöhtes Gefährdungspotential. Das Kirchenrecht anerkennt in gewisser Weise diese fragile Situation, indem sie das Recht der Gläubigen festschreibt, die geistliche Begleitung und den „Beichtvater" jederzeit frei zu wählen (CIC can. 630; 991). Gleichwohl ist es in vielen Gemeinschaften bis heute nicht üblich, dass man sich den Beichtpriester frei aussuchen darf, häufig sind die Mitglieder der Gemeinschaften über dieses Recht nicht einmal informiert.

> „Es gab nur einen Beichtvater, der ca. alle sechs bis acht Wochen ins Kloster kam und alle Schwestern beichteten der Reihe nach bei ihm. Ich hatte schon vorher mehrfach darum gebeten, einen anderen Beichtvater zu erhalten, weil ich kein Vertrauen zu diesem älteren Herrn finden konnte, aber die Oberin bestand darauf, dass es für mich besser sei, bei ihm zu beichten." (Marietta Klein)

Die komplexen und ineinander verflochtenen Asymmetrien, die gegenseitigen Interdependenzen zwischen psychologischen Dynamiken, „theologischen Konstrukten, kirchlichen Praktiken und systemischen Logiken"[36] sind auf das Gesamtsetting der Beichte (und selbstverständlich auch anderer Seelsorgesituationen) zu beziehen. Die Manipulationsgefahr in der Praxis dieses Sakraments ist äußerst hoch. Hier können Lebensentscheidungen beeinflusst und psychisch labile Personen weiter viktimisiert werden. Häufig ist zu beobachten, dass der Beichtseelsorger weit über seine professionellen Grenzen und die des Sakraments hinausgeht bzw. diese verwischt, so z. B. wenn er auf das Privatleben Einfluss nimmt („Die Buße wurde zum

---

[35] Vgl. Engel, Ulrich, Strukturell missbrauchsfähig…: Das Institut der Beichte zwischen pastoraler Seelenführungstechnik und klerikal(istisch)em Kontrollinstrument – eine theologische Reflexion im Anschluss an Michel Foucault, in: Karl, Katharina / Weber, Harald (Hg.) Missbrauch und Beichte, Würzburg 2021, 93–136; hier: 129 f.

[36] Sautermeister, Jochen, Beichte und sexualisierte Gewalt: Theologisch-ethische und moralpsychologische Annäherung, in: Karl, Katharina / Weber, Harald (Hg.) Missbrauch und Beichte. Erfahrungen und Perspektiven aus Praxis und Wissenschaft, Würzburg 2021, 71–92; hier: 73.

Erziehungsmittel", Victoria Gabriel), wenn er Menschen und ihre Handlungen kontrolliert, ihnen Angst und Schuldgefühle einredet oder eigene Ziele verfolgt (u. a. sexuelle Handlungen, Unterwerfung, Eintritt in ein bestimmtes Kloster usw.). Michaela Mack beschreibt, wie „[i]n der Hl. Beichte mir ein Priester meine Berufung für die Gemeinschaft [bestätigte]", mit der Folge, dass sie „[m]it tiefer Begeisterung im Herzen wenige Wochen später ein[trat]" – Berufungsklärung ist eigentlich ein Prozess, der nicht in der Beichte stattfinden sollte.[37]

Auch die konkreten Beziehungen zwischen den Betroffenen und den Beichtpriestern sind von einer hohen Vulneranz geprägt, die sich auf unterschiedlichen Levels formiert. Doris Reisinger differenziert diese Levels zwischen spiritueller Vernachlässigung, Manipulation und Gewalt.[38] Eine der Betroffenen beschreibt eine Form von spiritueller Vernachlässigung in der Beichte (ähnlich auch Cäcilia Görtz):

> „Priester, bei denen meine Geschichten beim Beichtgespräch zum Thema wurden, gaben mir die Absolution ohne ein Trostwort oder ein Zeichen des Verständnisses. Diese Erlebnisse waren für mich nochmals wie ein Missbrauch meines Vertrauens." (Salome Kühne)

Zu spiritueller Gewalt ist auch zu zählen, wenn beispielsweise Ordensfrauen vorgeschrieben wird, nicht nur bei wem, sondern sogar was sie zu beichten hätten, im folgenden Fall spiritualisiert mit Verweis auf den evangelischen Rat des Gehorsams:

> „Als der Beichtvater das nächste Mal ins Kloster kam, suchte sie [die Oberin; UL] mich direkt vor meiner Beichte noch einmal auf und sagte mir: ‚Ich habe dir gesagt, was du zu beichten hast. Ich sage es dir noch einmal im Heiligen Gehorsam! Geh und beichte es!' Ich war also gehorsam und versuchte dem Beichtvater, meine Situation zu schildern. Das Gespräch verlief katastrophal." (Marietta Klein)
> „Alle Schwestern mussten damals zu einem einzigen Beichtvater, das waren große Zwänge. Der Priester kam ins Haus und die Schwestern waren ihm praktisch ausgeliefert. Es waren Aufpasserinnen da, die kontrollierten, ob man auch hinging. Die älteren Schwestern erzählen

---

[37] Vgl. hierzu auch Heyder, Regina, „...da Sie versprochen haben, dem Weg zu folgen, den ich Ihnen zeigen werden". Berufungsklärung als vulnerable Lebensphase, in: Lebendige Seelsorge 74 (2023) 189–193.
[38] Vgl. Reisinger (geb. Wagner), Doris, Spiritueller Missbrauch in der katholischen Kirche, Freiburg i. Br. 2019.

immer wieder, wie sie an einen Beichtvater gebunden waren und dass das mit viel Druck und Scham verbunden war. Weil in der Beichte vom Priester auch aktiv nachgefragt wurde: ‚Wie oft betest du?' ‚Wie aufmerksam betest du?' etc. Über andere, körperliche, intime Fragen, die verletzend und schambesetzt waren, haben die Schwestern nicht gesprochen." (Sr. Theresa Jacobs)

Der sicher eindrücklichste Betroffenenbericht im Umfeld von Beichtpastoral ist der von Victoria Gabriel. Im Rahmen der Beichte erfährt sie folgenschwere spirituelle Manipulation und Gewalt:

„Finjas trieb mich dazu, immer häufiger zur Beichte zu kommen, um meine Sünden zu bekämpfen. Ich solle am besten schon kommen, bevor ich eine Sünde begehen würde, denn dann könnte ich mir sagen: Ich habe gerade erst gebeichtet, ich werde jetzt nicht schwach. In der schlimmsten Zeit ging ich jede Woche bei ihm zur Beichte. Da ich aber eigentlich keinen Grund hatte zu kommen, sondern nur ‚präventiv' kam, suchte ich in meinem Alltag nach Dingen, die ich beichten konnte. Jede Kleinigkeit wurde zur Sünde. Jeder Gedanke, der gegen eine andere Person gerichtet war. Wut und Enttäuschung über andere verbat ich mir. Negative Gefühle versuchte ich zu unterdrücken. Ich glaube, es war diese Zeit, in der ich Selbstmordgedanken hatte." (Victoria Gabriel)

5. Exklusivität der geistlichen Begleitung

Seelsorge sollte stets die personale Würde, Freiheit, Individualität und das Gewissen eines jeden Menschen als geliebtes Geschöpf Gottes achten. Qualität in der Seelsorge bedeutet auch, wählen zu können, verschiedene Angebote zu haben. Spiritueller Missbrauch findet da statt, wo Menschen in Zwänge und Abhängigkeiten gezogen werden, wo sie nicht mehr frei über das sprechen dürfen, was sie im Glauben bewegt und wo es nur noch den ‚einen, richtigen Glauben' und nur noch die Wahrheit der geistlichen Führungsperson gibt. Es gibt Verbote, bei Priestern zu beichten, die nicht zur eigenen Gemeinschaft gehören, und Verbote, über die interne Spiritualität mit Menschen von außerhalb zu sprechen. „Missbrauch wird durch das Totalitäre erzeugt"[39], so Dysmas de Lassus. Die Position der geistli-

---

[39] De Lassus, Verheißung und Verrat, 227.

chen Leitung wird mit der „Stimme Gottes" gleichgesetzt, durch die der „Wille Gottes" zu erkennen ist; Fragen und Kritik an menschlichem Handeln fühlen sich an, als würde man Gott untreu werden – oder es erübrigt sich jegliches Fragen, da ja der Wille Gottes eindeutig kommuniziert wird.

> „Mir wurde nahegelegt, den Oberen der Gemeinschaft als Seelenführer zu wählen, wie dies fast alle Schwestern tun würden. Über ihn hörte ich, dass er innere Ansprachen von Gott habe, durch die er die Mitglieder der Gemeinschaft leite. Ich verband damit die Hoffnung, immer exakt den Willen Gottes für mich erfahren zu dürfen […]."
> (Michaela Mack)

Wer den Willen Gottes auf seiner Seite hat, kann von den Menschen alles fordern, sie werden sich, solange sie glauben, sie hätten es mit dem „Willen Gottes" zu tun, allem unterwerfen. Wenn Seelsorger*innen solcherart den Willen Gottes zu kennen reklamieren, geht eine beträchtliche Gefahr von ihnen aus – handelt es sich um eine Einzelperson, gibt es in der Regel Verantwortliche (Obere, Bischof o. ä.), die eingreifen können und auch sollten, beruft sich aber der „Seelenführer" einer ganzen Gemeinschaft auf den Willen Gottes, ist, so Dysmas de Lassus, von sektiererischem Verhalten zu sprechen und ein Eingreifen ist weit schwieriger;[40] häufig genießen diese „toxischen Gemeinschaften"[41] zudem hohes Ansehen in der Kirche.

Ein regelmäßig zu beobachtender Schritt in psychische und spirituelle Abhängigkeiten ist die Überhöhung der geistlichen Begleitung zur einzig glaubwürdigen und für alles zuständigen Person. Gerade in Neuen Geistlichen Gemeinschaften, wo charismatische Führungsfiguren wie ‚Gurus' verehrt werden, sind die Betroffenen anfangs gebannt von der intensiven Spiritualität, der Glaubensbegeisterung und den faszinierenden Persönlichkeiten und folgen ihnen lange blind, bis sie schließlich feststellen müssen, dass sie Opfer von

---

[40] Vgl. de Lassus, Verheißung und Verrat, 229.
[41] Butenkemper, Stephanie, Toxische Gemeinschaften: geistlichen und emotionalen Missbrauch erkennen, verhindern und heilen, Freiburg i. Br. 2023. Bischof Heinrich Timmerevers sieht hier v. a. Probleme bei internationalen Gemeinschaften, die der direkten Aufsicht der römischen Dikasterien unterstellt sind, so dass Ortsbischöfe bei Verdacht auf geistlichen Missbrauch aufgrund mangelnder bischöflicher Aufsichtspflicht nicht direkt eingreifen könnten. Vgl. Timmerevers, Heinrich / Leimgruber, Ute, „Wir müssen in der Kirche für eine Kultur der Anerkennung und Förderung der spirituellen Selbstbestimmung sensibilisieren", in: Lebendige Seelsorge 74 (2023) 174–178; hier: 176.

„Seelenfängern"[42] geworden sind. Wenn sie es jedoch merken, sind sie meist schon von allen anderen Einflüssen isoliert und in einem kaum mehr entrinnbaren Strudel gefangen.[43]

> „Meine freundschaftlichen Kontakte waren mir fremd geworden und ich wagte es auch nicht, ihnen von dem intensiven Kontakt mit dem Pater zu erzählen […] So war er eigentlich zum einzigen geworden, dem ich mich […] öffnete." (Elaia Merced)

Einhergehend mit dieser persönlichen Isolierung findet eine validierende Abgrenzung von allem und allen anderen statt, besonders wenn es nicht der eigenen Ideologie entspricht. Hildegund Keul bezeichnet das als „spirituelles Othering"[44]. Es wird ein andersartiges Gegenüber konstruiert, um das Eigene zu konturieren und zu festigen, schließlich wird, um die eigene (bessere) Identität zu festigen, das andere mit Ressentiments belegt und abgelehnt.[45] Häufig sind auch diese Ressentiments in einen religiös-spirituellen Rahmen gesetzt: Das andere bzw. die anderen werden dämonisiert. Das bedeutet, die Betroffenen leben nicht nur in einer abgeschotteten Gemeinschaft, aus der sich alle ihre Freund*innen und nahen Kontakte speisen, sondern befinden sich darüber hinaus auf einer ideologischen Ebene in einem dualistischen Gegensatz von guten und diabolischen Kräften. Dies kann bis hin zu exorzistischen Ritualen führen, bei denen die Menschen von diabolischen Elementen „befreit" werden müssen:

> „Meine Wünsche für die Berufswahl veranlassten leitende Priester der Gemeinschaft, über mich als Kind und Jugendliche mehrfach den Exorzismus zu beten, um den Satan auszutreiben, der mir solche Gedanken angeblich eingab. Das geschah so oft, dass ich bis heute die Worte des Exorzismus-Gebetes in mir höre." (Regina Diem)

---

[42] Vgl. Hoyeau, Céline, Der Verrat der Seelenführer.
[43] Vgl. in diesem Band Haslbeck, Barbara, „Kreise, die wie Sekten funktionieren". Zusammenhänge von spirituellem Missbrauch und sektenähnlichen Gruppierungen, 111–128.
[44] Vgl. in diesem Band Keul, Hildegund, Toxische Erwählung. Macht und Missbrauch in Neuen Geistlichen Gemeinschaften und charismatischen Bewegungen, bes. 92–96.
[45] Vgl. Leimgruber, Ute / Hölzl, Michael, Ressentiment als pastoraltheologische Herausforderung, in: Aigner, Maria Elisabeth u. a. (Hg.), Weiter Gehen. Eine Roadmap ins Offene, Würzburg 2021, 146–160.

6. Vermischung von Forum internum und Forum externum

Zur Professonalität jeglicher seelsorglichen Tätigkeit gehört die Verantwortung für die Grenzen von Forum internum und Forum externum. Seelsorge ist in den internen Bereich einzuordnen, und es ist eine Trennung von den externen Bereichen geboten, die (insbesondere im Bereich der Ordens- und geistlichen Gemeinschaften) auf Seiten der Oberen liegen und in denen Entscheidungen z. B. hinsichtlich der Funktionen in der Gemeinschaft getroffen werden. Problematisch ist es dann, wenn die geistliche Ebene von denselben Personen verantwortet wird wie die praktisch-organisatorische. Professionell agierende Seelsorger*innen und geistliche Begleiter*innen geben keine Handlungsanweisungen, sie haben die spirituelle Freiheit und Autonomie der Menschen, die sie begleiten, unbedingt zu achten und unterliegen dem Seelsorgegeheimnis. Ordensobere sind institutionelle Führungskräfte, als solche besitzen sie eine Autorität qua Leitungsamt, sie können Anordnungen erteilen und haben dabei auch das systemische Ganze der Gemeinschaft im Blick. Kommt es zu einer Vermischung, werden dann z. B. Anweisungen im Rahmen der Beichte als Gehorsamsverpflichtung gegeben, wird in seelsorglichen Gesprächen mit Hinweisen auf das „richtige" Verhalten in der Gemeinschaft als „gute" Ordensfrau, als „wahrhaft gläubige" Christin Druck aufgebaut und eine freie Entscheidung manipulativ verhindert.

> „Ein auswärtiger Seelsorger war nicht erlaubt. Man bekam (ohne selbst gefragt zu werden) entweder die Priorin selbst oder ihre rechte Hand als Seelsorgerin, zu der man monatlich zum Gespräch gehen musste. Das war eine Mischung von zwei Ämtern, die voneinander getrennt sein sollten. Ich konnte somit meine wahren Gefühle und Gedanken im Seelsorgegespräch nicht äußern und hatte das Gefühl einer emotionalen Distanzlosigkeit zwischen der Priorin und mir."
> (Charlotte Schröder)
> „Denn die Oberin war nicht nur unsere Oberin, sondern auch unsere spirituelle Begleiterin und unsere Ökonomin." (Salome Kühne)
> „Schwester Margaretha war für mich Noviziatsleiterin und geistliche Begleiterin zugleich. In Gesprächen mit anderen Schwestern zitierte sie meine Aussagen aus vertraulichen Gesprächen. Es wurde über mich gelacht." (Veronika Nowak)
> „Es mischten sich die Positionen, Rollen, Verantwortlichkeiten. Eine Mitschwester war gleichzeitig geistliche Begleiterin, verantwortlich

für das Noviziat vor Ort und auch Exerzitienbegleiterin für die jungen Schwestern. Und außerdem die Leitung der Niederlassung." (Felizitas Veith)

Die Trennung von Forum internum und Forum externum gehört somit zu den unbedingten und einfach zu überprüfenden Qualitätsstandards von Seelsorger*innen und Leitungspersonen sowohl in Pfarrgemeinden und Diözesen als auch in geistlichen Gemeinschaften und Orden.

7. Seelsorge und Resilienz

Seelsorge kann und sollte – recht verstanden – Resilienz fördern und heilsamer Ort für spirituell, emotional und psychisch (schwer) verletzte Menschen sein, darauf sollte am Ende dieses Textes auch von den Betroffenenberichten her deutlich hingewiesen werden. Zu einem professionellen Verständnis von Seelsorge gehört es, die Ambivalenz seelsorglicher Zusammenhänge bewusst zu machen und in diesem Bewusstsein die Begleitung von Menschen zu gestalten, ihre Selbstbestimmung zu achten und sie darin zu bestärken, die eigenen Vorstellungen und Ziele stets kritisch zu hinterfragen und eigene Ideale nicht in unreflektierter Art und Weise auf die Gesprächspartner*innen zu übertragen. Seelsorger*innen brauchen Rollenklarheit und in allem eine professionelle seelsorgliche Haltung sowie Tools für die seelsorgliche Gesprächsführung, die sie im Wissen um die jeweilige Situation und die Beteiligten einsetzen können (z. B. intervenieren, beraten usw.), auch und gerade in der Begleitung von traumatisierten und missbrauchten Menschen.[46] Einige der Betroffenen in „Selbstverlust und Gottentfremdung" berichten davon, dass sie mit Hilfe von professionell agierenden Seelsorger*innen den Weg aus der spirituellen Gewalt heraus gefunden haben.

„Sehr hilfreich dabei waren mir ignatianische Exerzitien im Alltag, kurze Auszeiten in einem Kloster mit sehr offenem Geist und vor allem die Unterstützung in der geistlichen Begleitung. Mir wurde aufmerksam und einfühlsam zugehört. Es wurde nichts beschönigt, nichts als unwichtig abgetan, sondern meine Realität wurde wahr-

---

[46] Vgl. Hundertmark, Vorsicht Falle!; Stahl, Andreas, Traumasensible Seelsorge: Grundlinien für die Arbeit mit Gewaltbetroffenen, Stuttgart 2019.

genommen, ernst genommen. Meine Wahrnehmung wurde nicht in Frage gestellt." (Anna Reichmuth)
„Allen, die sich in ähnlichen Strukturen befinden, rate ich dringend, sich Unterstützung außerhalb ihres Systems zu suchen. Diese kann in einem guten geistlichen Begleiter, einem Berater oder auch einem Therapeuten bestehen. Allein hätte ich den Weg heraus nicht geschafft. Nur durch professionelle Begleitung konnte ich mich von vehementen Schuldgefühlen und inneren Zweifeln befreien, die mir sagten, mein Weg in die innere Unabhängigkeit sei falsch."(Michaela Mack)

In der Seelsorge wird die Grenze zu spirituellem Missbrauch dann überschritten, wo Seelsorger*innen die eigene Vulneranz nicht kennen und die spirituelle, sexuelle, emotionale und psychische Freiheit und Selbstbestimmung der Menschen nicht achten. Seelsorge ist kein ungefährlicher Ort, im Gegenteil: Seelsorge kann durch Narzissmus, Verblendung, Selbstüberschätzung, durch ideologisierende Manipulation von Glaubensaussagen oder schlichtweg personelle Unprofessionalität zum Tatort werden kann. Gelungene Seelsorge besteht nicht darin, dass möglichst viele Menschen möglichst hohe Zustimmung zu bestimmten Bekenntnissen oder religiösen (Frömmigkeits-)Praxen aufweisen. Gelungene Seelsorge fördert Menschen, gleich wie gebrochen und hilfsbedürftig sie sind, in ihrer Lebensfähigkeit, handelt in der unbedingten Achtung ihres Gewissens und Autonomie und begleitet sie in ihrer gottgewollten Freiheit.

Die (künftige) Seelsorgetheologie ebenso wie die praktizierenden Seelsorger*innen (in Territorial- und Kategorialsettings ebenso wie in geistlichen Gemeinschaften) sollten ihre Verantwortung kennen und bewusst wahrnehmen, um Seelsorge professionell so zu gestalten, dass sie – in den Worten der Deutschen Bischöfe – als „das Herz der Kirche"[47] die Menschen mit gutem, lebenswichtigem ‚Sauerstoff' versorgt. Dazu braucht es aber das Wissen um die Ambivalenz, die sich aus der Vulneranz der Seelsorge ergibt, es braucht das Verständnis um das Verbrechen des spirituellen Missbrauchs in und aus seelsorglichen Beziehungen – und es braucht die Kompetenz für heilsame, verantwortungsvolle, kurz: professionelle Seelsorge.

---

[47] Sekretariat der Deutschen Bischofskonferenz (Hg.), In der Seelsorge schlägt das Herz der Kirche.

Dr. Ute Leimgruber ist Professorin für Pastoraltheologie und Homiletik an der Universität Regensburg und Mitherausgeberin von „Selbstverlust und Gottentfremdung". Sie forscht zu *hidden patterns* und spirituellem und sexuellem Missbrauch an Frauen in der katholischen Kirche, www.missbrauchsmuster.de.

Emprise – Einflussnahme und Selbstentfremdung

Hannah Schulz

„An den schlimmsten Tagen fühlte ich mich wie kontaminiert durch ihn, als ob er Teil meiner selbst geworden ist."
(Victoria Gabriel)

„Stück für Stück und Jahr um Jahr hatte ich meine Lebendigkeit, mein Lachen, meinen Humor, meine Kreativität und sogar mein Vertrauen in Gott verloren. Ich habe mich verloren."
(Felizitas Veith)

„Das extreme Gebetsprogramm, der enorme Zeitmangel und das körperliche Ausgemergeltsein bewirkten in mir einen gewissen Charakterwandel."
(Jule Sandemann)

Mit diesen Worten beschreiben einige der Autorinnen in „Selbstverlust und Gottentfremdung" ihren Zustand auf dem Höhepunkt der Missbrauchserfahrungen.[1] Im Französischen gibt es dafür einen Begriff: *emprise*. Er findet sich regelmäßig in den französischsprachigen Untersuchungen und Veröffentlichungen zum Themenbereich des spirituellen Missbrauchs (*abus spirituel*).[2] Die gängigen Übersetzungen mit Begriffen wie „Einflussnahme", „Macht" und „Dominanz" geben die Bedeutung von *emprise* aber nur unvollständig wieder. So finden sich Umschreibungen wie „jemandem oder etwas verfallen

---

[1] Alle folgenden Zitate entstammen dem Band Haslbeck, Barbara u. a. (Hg.), Selbstverlust und Gottentfremdung. Spiritueller Missbrauch an Frauen in der katholischen Kirche, Ostfildern 2023.

[2] Deutschsprachiger Bericht zur Causa Jean Vanier: Missbrauch und Einflussnahme, Untersuchung zu Thomas Philippe, Jean Vanier und der Arche Zusammenfassung des Berichts der Studienkommission im Auftrag der Internationalen Arche, online: https://commissiondetude-jeanvanier.org/commissiondetudeindependante2023-empriseetabus/wp-content/uploads/2023/02/Zusammenfassung-des-Berichts-der-Studienkommission-de-2023_DE.pdf; ebenfalls erhältlich auf Französisch. Vgl. auch Hoyeau, Céline, La trahison des pères. Emprise et abus des fondateurs de communautés nouvelles, Montrouge 2021. Dt.: Hoyeau, Céline, Der Verrat der Seelenführer: Macht und Missbrauch in Neuen Geistlichen Gemeinschaften. Hrsg. von Hildegund Keul, Freiburg i.Br. 2023. Conférence des évêques de France: Dérives sectaires dans des communautés catholiques, Documents Episcopat N°11–2018. [Alle Links eingesehen am 04.08.2023]

(sein)", "in seinem/ihrem Bann stehen", "Würgegriff" und "Umklammerung". Dominica Frericks verwendet in ihrer Übersetzung von Dysmas de Lassus die Worte „[v]on einem anderen völlig beherrscht werden"[3], und Peter Hundertmark spricht von einem „System manipulativer Dominanz, Ausbeutung und Gewalt"[4]. Theologisch bezeichnet *emprise* eine Vorform der Besessenheit. Betroffene spirituellen Missbrauchs erleben eine mehr oder weniger starke Übernahme und Besitzergreifung grundlegender Persönlichkeitsfunktionen. „Es ist, als hätte man dir etwas eingeimpft, und du kannst niemals Antikörper entwickeln. Du kriegst es nie wieder los" (Romy Nanuk). Das Resultat ist eine zunehmende Selbstentfremdung bis hin zur Depersonalisation. Charlotte Schröder fühlte sich ihrer „eigenen Persönlichkeit beraubt" und Elaia Merced, wusste schließlich nicht mehr „wer sie war".

In einem schleichenden Prozess breiten sich Fremdbestimmung und Selbstentfremdung beständig aus und verändern wesentliche Grundfunktionen wie Wahrnehmung und Bewusstsein, Denken und Fühlen, Entscheiden und Handeln sowie spirituelle Grunderfahrungen und Überzeugungen. Es handelt sich dabei nicht so sehr um eine gewaltsame Übernahme, sondern eher um eine Unterwanderung. Nur sporadisch bäumen sich die Betroffenen auf und merken doch meist nicht, wie sie manipuliert und ihrer selbst entledigt werden. Phasenweise befinden sie sich in einer hypnotischen Trance, in der sie fühlen, denken und tun, was andere vorgegeben. Dabei sind sie bis auf wenige luzide Momente überzeugt, eigenständig zu handeln. Wachsende emotionale Abhängigkeiten führen schließlich zu symbiotischen Beziehungen, in denen sich die Grenzen zwischen Ich und Du bzw. Ich und Wir auflösen.

> „Wie eine Spinne mit ihrem Faden ihre Opfer langsam einwebt und sie dann im Netz gefangen hält, hatte auch ich mich in die geistige Verführung einwickeln lassen und dabei jegliche Beziehung zu mir selbst verloren. Wie eine Marionette war ich fremdbestimmt und völlig dem Willen der Oberen ausgeliefert gewesen." (Michaela Mack)

Es bedarf meist nur weniger Einfallstore, um die Dynamik dieses Prozesses in Gang zu setzen und wesentliche Persönlichkeitsanteile

---

[3] De Lassus, Dysmas, Verheißung und Verrat: Geistlicher Missbrauch in Orden und Gemeinschaften der katholischen Kirche, Münster 2022, 254.
[4] Hundertmark, Peter: Emprise, online: https://geistlich.net/emprise.

auszuhebeln. Marie-Laure Janssens spricht treffend von einem Eindringen in die Privatsphäre der Personen mithilfe eines „spirituellen Hebels"[5]. Dafür eignen sich zentrale Begriffe der christlichen Tradition, wie beispielsweise der Gehorsam zum Willen Gottes:

> „Ich müsse mein eigenes kleines irdisches Wollen, meine menschlichen Vorstellungen, mein postmodernes Gerechtigkeitsverständnis und meine liberalen Wünsche ablegen und mich vorbehaltlos auf Gottes Willen einlassen" (Eleia Merced).

Oder die Nachfolge Christi: „Da müsse ich ‚durch', um in der Nachfolge Jesu zu stehen" (Felizitas Veith), oder Verweise auf die notwendige Ordensausbildung: „Das Noviziat wurde auch Formation genannt, weil der Nachwuchs ja passend geformt werden musste" (Veronika Nowak).

Ist die Bresche erst einmal geschlagen, werden dieselben Argumente verwendet, um das missbräuchliche Vorgehen auszuweiten und beständig zu legitimieren. Hildegund Keul bringt es auf den Punkt, wenn sie schreibt: „Von Heil, Gnade, Erwählung, Mystik wird so viel gesprochen, um Unheil, Gnadenlosigkeit, Glaubenszerstörung, Missbrauch und Gewalt zu verdecken."[6] Menschen, die behaupten, dass ihnen so etwas nicht hätte passieren können und dass die Opfer letztlich selbst schuld seien, haben die Dynamik der *emprise* nicht verstanden. Im Prozess der Selbstentfremdung verlieren die Betroffenen genau die Fähigkeiten, die sie bräuchten, um sich wieder befreien zu können. Wenn das Denken fremdbestimmt ist, entschwindet die Möglichkeit zur kritischen Auseinandersetzung: „Die Gruppenlogik war wie ein paralleles inneres System, auf das mein anderes Denken keinen Zugriff hatte" (Jule Sandemann). Wenn emotionales Erleben von anderen gesteuert wird, sind auch seine Warnfunktionen wie Ärger und Ekel ausgeschaltet. „So lernte ich nach und nach, meine Gefühle nicht mehr zu beachten, bzw. ihnen nicht mehr zu vertrauen (Victoria Gabriel). Wenn Selbstbewusstsein systematisch vernichtet wurde, überwiegen Minderwertigkeits- und Schuldgefühle. „Ich bekam das Gefühl ‚falsch' zu sein, schuld zu sein" (Felizitas Veith). Und wenn Menschen sozial isoliert werden,

---

[5] De Lassus, Dysmas, Risques et dérives de la vie religieuse, Paris 2020, 336; Übersetzung ins Deutsche durch Hannah Schulz.
[6] Keul, Hildegund, Einleitung: Missbrauch und Vertuschung in Neuen Geistlichen Gemeinschaften – warum sich der Blick nach Frankreich lohnt, in: Hoyeau, Céline, Der Verrat der Seelenführer, Freiburg i.Br. 2023, 9–32; hier: 24.

wächst die Angst vor der ‚bösen Welt da draußen' (Veronika Nowak, Charlotte Schröder).

Die Berichte der Betroffenen in „Selbstverlust und Gottentfremdung" zeigen, welches Ausmaß die Umgestaltung der Persönlichkeitsanteile annehmen kann – „Ich war wie eine wesenlose Marionette" (Charlotte Schröder). Um Betroffenen angemessen begegnen und passende Hilfen anbieten zu können,[7] ist das Verständnis der Mechanismen der *emprise* von entscheidender Bedeutung. Von daher werden mit Hilfe von Beispielen aus den Berichten einige Mechanismen der Einflussnahme näher dargestellt. Schwerpunkte sind die hauptsächlichen Einflussfelder Denkvermögen (1) und Gefühlsleben (2) sowie die Erfahrung von Selbstwirksamkeit (3). Weitere Punkte sind die Auswirkungen auf das Glaubensleben (4) und die (Un-)Möglichkeit eines Ausstiegs (5). Damit sollen einzelne Facetten deutlich werden, die nur gemeinsam ein Verständnis für die durch *emprise* ausgelösten Wesensveränderungen geben.

1. Einflussnahme auf das Denkvermögen

Die Fähigkeit, eigenständig zu denken, ist Grundvoraussetzung der Freiheit, denn sie ermöglicht, sich eine Meinung zu bilden, Situationen zu beurteilen und schließlich Entscheidungen zu treffen. Alle Autorinnen berichten davon, wie ihr Denken beeinflusst und eingeschränkt wurde. Viele wurden von Informationsquellen abgeschnitten: „Tageszeitungen gab es keine" (Elisabeth Eicher), „[b]estimmte Bücher wurden [...] verboten" (Charlotte Schröder), oder die Lektüre des Kirchenrechtes war untersagt (Marietta Klein). An die Stelle objektiver Informationen wurde die Meinung der Leiter*innen oder Begleiter*innen gesetzt, die für sich ein Deutungsmonopol in Anspruch nahmen: „Er sagte, wenn wir eine Wand sähen, die weiß sei, er sage uns aber, die Wand sei schwarz, dann müssten wir glauben, dass diese schwarz sei" (Michaela Mack). Abweichende Meinungen werden „totgeredet" (Victoria Gabriel) oder durch „fromme" Argumente diskreditiert, indem das Leitungsteam zum Beispiel behauptet, „dass es denen, die sich kritisch äußerten, um die Zerstörung des Werkes

---

[7] Ein Schwerpunkt meiner Tätigkeit liegt in der Begleitung von Einzelpersonen als auch von traumatisierten Gemeinschaften nach schweren, meist spirituellen Missbrauchserfahrungen.

Gottes ginge" (Jule Sandemann). Andere wurden mit dem Vorwurf „die Sünde gegen den heiligen Geist begangen" zu haben, mundtot gemacht (Charlotte Schröder).

Verstärkt werden diese Mechanismen einerseits durch einen zunehmenden Gruppendruck, wenn alle genau wissen, was Gott will und was er nicht will, was gut ist und was schlecht" (Anna Reichmuth) und es nicht mehr möglich ist, „offen und ehrlich die eigene Meinung zu sagen" (Sr. Maria Kurg). Wer zu viele Fragen stellt, wird öffentlich getadelt, unterwürfige Zustimmung hingegen wird belohnt. „Schweigen, leiden, beten, war die Maxime." (Michaela Mack). Wenn derartige Überzeugungen nicht nur von einer Person ausgehen, sondern zur Mentalität einer Gruppe geworden sind, ist es „sehr schwer, gegen alle Recht zu haben"[8]. Andererseits wird durch Redeverbote, die sowohl das Miteinander als auch Außenkontakte betreffen (Salome Kühne, Jule Sandemann, Felizitas Veith), der Wahrnehmungshorizont immer enger. So nimmt die Urteilsfähigkeit beständig ab. Je nachdem wie tief eine Person bereits im System gefangen ist, meldet sich noch Widerspruch in ihr. Die Möglichkeiten, konstruktive Gegenvorschläge zu entwickeln, sind durch den fehlenden Zugang zu alternativem Wissen und abweichenden Meinungen stark eingeschränkt. Hinzu kommt die Abwertung von weltlichem Wissen, da dieses „als Hindernis für das Wirken Gottes" (Michaela Mack) dargestellt wird. Die Mitglieder hingegen besitzen ein besonderes Wissen, dass die Welt nicht verstehen könne.

Die ständige Infragestellung der Überzeugungen der Betroffenen wird kombiniert mit der regelmäßigen Verkündigung der Positionen der Täter*innen als alleinige Wahrheit. Mit der Zeit verinnerlichen die Opfer diese so sehr, dass ihr Denken auch dann davon kontrolliert wird, wenn sie alleine sind. Der Fachbegriff dafür ist: Täterintrojekte. „Seine Kommentierungen [hörte ...] ich inzwischen in meinem Kopf zu allem, was ich dachte" (Elaia Merced).

Mit der Übernahme fremder Gedankeninhalte („Nach und nach begann ich, auch sein Frauenbild auf mich zu übertragen.", Victoria Gabriel), wird außerdem der Verstand als solcher neu strukturiert. „Da ich meine Berufung nicht aufs Spiel setzen wollte, lernte ich, Fragen und Zweifel gar nicht erst aufkommen zu lassen" (Salome Kühne). Differenzierungen werden immer schwieriger, weil Schwarz-Weiß Denken vorherrscht. Festgelegte Kausalketten verhindern zirkuläres Denken. Schließlich reicht auch das nicht mehr

---

[8] De Lassus, Verheißung und Verrat, 230.

aus, sondern das eigenständige Denken als solches soll eingestellt werden. Auch dazu dienen die bereits erwähnten Redeverbote. Ihre logische Konsequenz sind Denkverbote. Was übrig bleibt, ist ein „Nebelgefühl in meinem Kopf" (Elaia Merced). Der Höhepunkt dieser Entwicklung ist die verinnerlichte Überzeugung, dass der Verzicht auf das eigene Denkvermögen Ausdruck einer ultimativen Hingabe an Gott sei.

2. Einflussnahme auf das Gefühlsleben

Gefühle sind Teil der Intimsphäre des Menschen, weil sie äußerst individuell und subjektiv sind. Ihr manchmal diffuser Charakter erschwert die willentliche Kontrolle. Von daher sind sie wie prädestiniert dafür, manipuliert zu werden, um Menschen dahin zu bringen, Dinge zu tun, die sie sonst nicht getan hätten. Missbrauchstäter*innen profitieren von diesem Phänomen. Sie sind in der Lage, in anderen die ganze Klaviatur unterschiedlicher Emotionen und Regungen zum Klingen zu bringen – zu ihrem eigenen Nutzen. Es beginnt mit einer begeisternden Phase von ganz positiv erlebten Empfindungen: Gesehen werden und Aufmerksamkeit bekommen (Victoria Gabriel); Zugehörigkeit zu einer Gruppe (Annika Jonas), etwas ganz Besonderes sein (Romy Nanuk), nach Hause kommen (Veronika Nowack). Dahinter werden allmählich Erwartungen spürbar, was man einerseits fühlen soll: Begeisterung (Jule Sandemann), Hilfsbedürftigkeit (Victoria Gabriel), Dankbarkeit (Romy Nanuk), und andererseits nicht fühlen darf: Trauer nach dem Tod eines geschätzten Menschen (Elisabeth Eicher), Tränen in der Kapelle (Marietta Klein), Stolz über etwas, das gut gelungen war (Veronika Nowak). Emotionen werden eingesetzt, um Abhängigkeiten zu fördern: „Sein Mitleid gab mir das Gefühl, bemitleidenswert zu sein. Ich fühlte mich klein und hilfsbedürftig. Und er schien der Einzige, der mir helfen konnte" (Victoria Gabriel).

Neben diesen Formen des emotionalen Missbrauchs sind Dominanz durch Kontrolle, (ständige Nachfragen per WhatsApp – Felizitas Veith), durch Drohungen (zum Judas werden – Marietta Klein) und emotionale Gewalt (angeschrien werden – Sr. Maria Kurg) zu beobachten. Zum einen wird dieser Druck von oben nach unten ausgeübt: „Unter großem Zwang und Drohung, dass ich in die Hölle käme, wenn ich mich nicht bekehre, habe ich unter Tränen und mit viel Angst ein Gebet Wort für Wort nachsprechen müssen" (Anna

Reichmuth). Zum anderen übernehmen die Mitglieder die Kontrolle auch gegenseitig (Veronika Nowak) und ein regelrechtes Spitzelsystem entsteht, das „mit dem Wunsch nach Umkehr und Verbesserung begründet" wird (Jule Sandemann). Anderen wird erst im Nachhinein bewusst, wie sehr ihr Leben in dieser Zeit von Angst bestimmt war (Sr. Maria Kurg).

Ständig anders fühlen zu sollen, als man es eigentlich tut oder sich schuldig zu fühlen, weil man den emotionalen Forderungen nicht entspricht, ist so unangenehm, dass Gefühle immer mehr abgespalten werden (Elisabeth Eicher). Psychologisch ist dies höchst problematisch. Gefühle zeigen normalerweise Bedürfnisse und Nöte auf, damit diese eine adäquate Antwort und Lösung finden können. Wenn das wegfällt, ist die Seele in Gefahr, zu verkümmern. Geistliche Begründungen, d. h. die bereits beschriebenen Beeinflussungen des Denkens verstärken diesen emotionalen Anteil des Missbrauchs. So sollen „eigene Bedürfnisse absterben" (Charlotte Schröder) und „Gefühle und körperliche Regungen abgetötet" werden (Cäcilia Görtz). Auch der ganze Bereich der Sexualität wird „tabuisiert" (Charlotte Schröder). Durch die Abspaltung der eigenen Wahrnehmung schützt sich die Seele vor unerträglich gewordenem Schmerz und Leid. Doch die Täter*innen verletzen diese seelische Grenze, indem sie eine absolute Herzensöffnung fordern.[9] Der Pater „betonte immer wieder, wie wichtig es sei, alles auszusprechen" (Victoria Gabriel). „Ich sollte lernen, mein Inneres nach außen zu bringen." – „Immer mehr baute sich der Druck auf, in den Begleitgesprächen „abliefern" zu müssen" (Felizitas Veith).

Wer das Vertrauen in die eigene Wahrnehmung verloren hat oder gar nichts mehr spürt, verliert sein Selbstbewusstsein. Dieses wird zusätzlich durch häufige Vorwürfe, Erniedrigungen und Unterstellungen zerstört. Zahlreich sind die Beispiele aus den Berichten. Da ist die Rede davon, „sich wichtigmachen" zu wollen (Salome Kühne) und „dass ich nur immer etwas Besonderes sein wolle" (Marietta Klein), von „übertünchten Gräbern" und schwerer Sündhaftigkeit (Elisabeth Eicher). Veronika Nowak werden anhand von Bibelstellen regelmäßig ihre Verfehlungen aufgezeigt. Anna Reichmuth wird unterstellt, „nicht im richtigen Geist unterwegs" zu sein. Die Tatsache, dass die Betroffenen sich noch nach Jahren an diese Aussagen erinnern, zeigt, wie tief die Verletzungen gehen. Ein gezielter Schlag

---
[9] Vgl. Keul, Einleitung, 171 f; de Lassus, Verheißung und Verrat, 227.

reicht meist aus, damit die Opfer verstummen, brav und fügsam werden.

Die eben zitierten Beispiele gehören in den Bereich der emotionalen Gewalt. In den Berichten finden sich auch andere schwer traumatisierende Situationen, beispielsweise im Rahmen der Beichte: „Irgendwann schwieg er nur noch. Das waren schreckliche Minuten. Manchmal zehn, manchmal zwanzig, manchmal dreißig oder länger. Er saß nur da und wartete, während ich zusammengekauert auf meinem Stuhl mit mir rang und ihn nicht ansehen konnte. [...] einmal [sagte er ...]: ‚Wenn du dich sehen könntest – du siehst aus wie ein Embryo, so zusammengekauert, als dürfest du nicht existieren.'" (Victoria Gabriel)

Andere mussten erleben, wie „leitende Priester der Gemeinschaft über mich als Kind und Jugendliche mehrfach den Exorzismus beteten, um den Satan auszutreiben" (Regina Diem) oder wie „eine Schwester vor der ganzen Gemeinschaft so heftig auf brutalste Weise kritisiert" wurde, dass es dazu führte, dass sie „die Absicht [hatte], Suizid zu begehen" (Maria Kurg). Aus der Traumaforschung wissen wir, dass für Menschen bei existenzieller Bedrohung Bindung wichtiger ist als Sicherheit. Das führt dazu, dass sie sich in traumatischen Situationen, wenn niemand anderes zu erreichen ist, sogar an ihre Täter*innen binden. Auch diese Tatsache könnte ein Grund dafür sein, warum es manchen Opfern so schwerfällt, sich aus toxischen Beziehungen zu lösen.

3. Schwindende Selbstwirksamkeit

Trotz erheblicher Einflussnahme auf ihr Denken, Fühlen, Handeln und Glauben, und trotz viel erfahrenem Leid haben einige Frauen sich phasenweise aufgelehnt. Sie haben beispielsweise die zuständige Leiterin des Noviziats oder der Gemeinschaft konfrontiert oder zumindest versucht, sich den Anforderungen zu verweigern (Elisabeth Eicher, Jakobs, Klein, Sr. Maria Kurg, Veronika Nowak, Charlotte Schröder). Sie haben sich an die Provinz- und Generalleitungen gewandt (Elisabeth Eicher, Salome Kühne), und Gehör bei kirchlichen Verantwortungsträgern gesucht (Gertrud Joseph, Romy Nanuk). Dabei müssen sie erleben, dass sie an den Problemen, Konflikten und Ungerechtigkeiten nichts ändern können. Im Gegenteil, sie werden mit Vorwürfen konfrontiert und vor anderen Mitgliedern als psychisch krank oder ungehorsam diskreditiert. So bleibt vielen von ihnen erst einmal nur die Unterwerfung unter den Willen der Machtpersonen. „Je mehr ich mich anstrengte, mich zu ändern, auf das zu achten, wie ich reagiere, was ich sage und tue oder eben auch nicht, umso mehr habe ich mich verloren." (Felizitas Veith) „Um meinen guten Willen zu bekunden und in der Hoffnung auf Frieden, willigte ich ein." (Gertrud Joseph) Die wiederholte Erfahrung, nichts bewirken zu können, ruft Gefühle von Ohnmacht und Hilflosigkeit hervor. Eine so gelernte Hilflosigkeit blockiert weitere Eigeninitiativen, behindert die Gestaltung der verbleibenden Handlungsräume und macht den Ausstieg aus eigener Kraft quasi unmöglich. Nicht nur, dass die Frauen (scheinbar) nichts ändern können, sie sollen es nicht einmal. Gehorsam, Fügsamkeit, Hingabe werden als Werte hochgehalten. Eigenes hingegen wird – um nur ein Beispiel zu nennen: Yoga vor der Laudes (Marietta Klein) – als Suche nach dem Besonderen abgelehnt. Emotionale und strukturell verankerte Abhängigkeiten schränken die Gestaltungsmöglichkeiten weiter ein. Materielle Abhängigkeit auf Grund eines sehr eng ausgelegten Armutsgelübdes ist dabei nur die Spitze des Eisbergs. Willkürlicher Umgang mit Regeln und ihren Ausnahmen entzieht die letzten objektiven Referenzpunkte, weil die Leitung allein entscheidet, was gerade gilt und was nicht. Marietta Klein bezeichnet die Regelungen, wer wann im Kloster Besuch empfangen darf als Verwirrspiel. Felizitas Veith bringt es mit ihrer Formulierung auf den Punkt: „Es wurde benannt, was falsch war, aber nie gesagt, was denn nun gilt." Wo der Missbrauch in Zweierbeziehungen geschieht, sind die Opfer häufig mit einem Wechselspiel der Gefühle konfrontiert. Mal werden sie liebevoll empfangen, dann wieder angeschrien und aufs Schärfste kritisiert. (Victoria Gabriel, Marietta Klein, Salome Kühne, u. a.). Wenn es keine Regeln gibt, an die man sich halten kann, bleiben Personen von denen abhängig, die über diese entscheiden.

Zusätzlich verunsichert die soziale Isolation und verstärkt ihrerseits die Abhängigkeit von der Leitung oder den jeweiligen Machtpersonen. Dafür werden innerhalb der Gemeinschaft Privatkontakte und Freundschaften untersagt, Ämterhäufung und Rollenvermischung schränken Begegnungs- und Austauschmöglichkeiten weiter ein und der Kontakt zur Außenwelt wird, wo es nur geht, verhindert. Die erlebte Einsamkeit wird manchmal zusätzlich durch den Entzug der Privatsphäre gesteigert, so dass die Betroffenen nicht einmal von den positiven Seiten des Alleinseins profitieren können. Entweder gibt es keine Einzelzimmer (Charlotte Schröder), es wird ohne Anklopfen eingetreten (Marietta Klein, Veronika Nowak) oder der Alltagsrhythmus ist so getaktet, dass keine Zeit für private Interessen, Hobbys und Freizeit bleibt (Veronika Nowak, Anna Reichmuth, Jule Sandemann). All das verhindert, dass die Opfer Alternativen (wieder-)entdecken, Unterstützung finden und womöglich aus ihrer Trance erwachen und zu sich selbst zurückfinden konnten. Hinzu kommt eine körperliche Erschöpfung, die Widerstand immer schwerer macht und dazu beiträgt, auch die letzte Willenskraft der Opfer zu brechen.[10]

Auf überwältigende angsteinflößende Situationen reagieren Lebewesen intuitiv mit Flucht oder Angriff. Nur wenn ihnen diese Lösungswege verschlossen sind oder unmöglich erscheinen, weil das Gegenüber zu groß, zu stark, zu schnell oder zu mächtig ist, nutzen sie den Totstellreflex: Erstarrung, Lähmung, Atem anhalten. Erst in der neueren Traumaforschung wird auch die Bedeutung der Unterwerfung thematisiert. Die Fachbegriffe dafür sind „fawn response" oder Bambi Reflex. Ein anschauliches Beispiel ist der kleine Hund, der sich auf den Rücken wirft, seine verletzliche Bauchseite zeigt, ergeben winselt, freundlich mit dem Schwanz wedelt und dabei verzerrt ‚lächelt'. In den Berichten finden sich ähnliche Haltungen wieder. Einerseits in Bezug auf Gott: „Ich bin nichts, Du bist alles, womit Gott gemeint war, vor dem ich mich als Nichts zu fühlen hatte" (Charlotte Schröder), andererseits in der geforderten Haltung zu den Leiter*innen und Begleiter*innen. Die Unterwerfung nimmt teilweise sogar magische Züge an:

> „Unsere Oberin hatte uns ans Herz gelegt, den Oberen nicht durch unsere Art, wie wir ihn fragen, in eine Richtung zu lenken oder ihn durch unsere Wünsche zu beeinflussen, sondern dass wir uns ganz seinem ‚Licht', das er für jeden ihm Anvertrauten von Gott empfange, überlassen sollten. (Michaela Mack)

Mit der Begründung der Selbsthingabe und einem Freiwerden für Gott[11] werden absolutes Vertrauen und (blinder) Gehorsam erwartet. Solange die Opfer nur in der Unterwerfung eine Überlebensmög-

---

[10] Vgl. Leimgruber, Ute / Haslbeck, Barbara, Angriff auf das Innerste. Hinführung zu den Berichten über spirituellen Missbrauch, in: dies. u. a. (Hg.), Selbstverlust und Gottentfremdung: Spiritueller Missbrauch an Frauen in der katholischen Kirche, Ostfildern 2023, 17–56; hier: 49 f.

[11] Vgl. Leimgruber / Haslbeck, Angriff auf das Innerste, 50 f.

lichkeit sehen, können die Täter*innen sich ihrer absoluten Loyalität sicher sein und alles mit ihren Opfern machen. Die Berichte aus Frankreich haben gezeigt, wie weit diese Unterwerfung auch in sexueller Hinsicht gehen kann.[12] Hingabe an Gott wird viel zu häufig mit Unterwerfung verwechselt. Wenn die Opfer kräftemäßig an ihre Grenzen kommen, weil sie zu sehr unter der Situation leiden, werden noch andere theologische Keulen hervorgeholt: das Leid als Auftrag Gottes ertragen (Felizitas Veith), Bußgebete verrichten (Cäcilia Görtz), sich selbst abtöten und Opfer bringen (Jule Sandemann), Befreiungsgebete (Victoria Gabriel). Es verwundert nicht, dass mehrere Autorinnen in diesen Phasen von Todeswünschen (Michaela Mack) und suizidalen Absichten (Romy Nanuk, Veronika Nowak) berichten.

4. Auswirkungen auf das Glaubensleben

Zahlreiche Formen spirituellen Missbrauchs sind in den vorherigen Abschnitten bereits erwähnt worden. Derartige Missbrauchserfahrungen haben neben den psychischen Folgen selbstverständlich auch Auswirkungen auf den persönlichen Glauben an Gott und die Beziehung zur Kirche, die derartige Erfahrungen möglich macht. In der Beratungspraxis zeigt sich, dass sich Klient*innen nicht nur von den Verantwortlichen ihrer Gemeinschaften und ihren Begleiter*innen missbraucht fühlen, sondern vor allem von Gott selber. Ihm haben sie vertraut, für ihn haben sie so viel Lebensenergie und Lebenszeit eingesetzt. Gott scheint „unendlich weit weg zu sein" und die Frage steht im Raum, wie er so etwas zulassen konnte (Michaela Mack). Anderen Frauen ist gesagt worden, dass etwas Satanisches an ihnen sei (Romy Nanuk), dass sie dem Bösen widersagen müssten (Victoria Gabriel) und im falschen Geist unterwegs seien (Anna Reichmuth). „Der strenge, unnachsichtige und angstmachende Gott war ständig präsent." (Charlotte Schröder) Das Glaubensfundament, für das die Frauen bereit waren, so vieles zu verlassen und so viel zu erleiden, ist nach dem Austritt nachhaltig erschüttert. Verbrannte Erde bleibt zurück. Zu viele spirituelle Räume, theologische Begriffe, biblische

---

[12] Vgl. u. a. die Berichte zu Jean Vanier; Hoyeau, Verrat der Seelenführer; de Lassus, Verheißung und Verrat; außerdem: Raimbault, Marie-Pierre / Quintin, Eric, Gottes missbrauchte Dienerinnen (Originaltitel: Religieuses abusées, l'autre scandale de l'Église), Dokumentarfilm 2019. Erstausstrahlung bei Arte am 5. März 2019. Online: www.arte.tv/de/videos/078749-000-A/gottes-missbrauchte-dienerinnen.

Zitate haben ihre Schönheit verloren und lösen wie Trigger vergangene Missbrauchserfahrungen aus.

Mehr noch: Die Täter*innen haben einen Platz besetzt, der nur Gott vorbehalten ist. Sie sind an die Stelle Gottes getreten und können so das geistliche Erleben ihrer Opfer von innen heraus kontrollieren. Immer wieder haben sie vorgegeben, dass sie (allein) den Willen Gottes für die Betroffenen verkörpern. Man kann in diesem Zusammenhang durchaus von einer ‚geistlichen Vergewaltigung' sprechen. Es ist ein langer Weg, bis dieser Platz wieder frei wird.

5. (Un-)möglicher Ausstieg

Die Berichte in „Selbstverlust und Gottentfremdung" sind von Autorinnen verfasst, die den Ausstieg geschafft haben. Ihre Analysen dessen, was ihnen passiert ist, konnten sie erst mit zeitlichem Abstand formulieren. Solange eine Person im Zustand der *emprise* gefangen ist, kann sie nicht erkennen, was da mit ihr gemacht wird. Sie befindet sich wie in einem Nebel. Tendenziell beziehen Opfer alles auf sich und geben sich die Schuld an den Schwierigkeiten. Durch die immer wiederkehrende Manipulation geht ihr Vertrauen in die eigene Meinung und Wahrnehmung verloren. Es fehlt ihnen an positiven Erfahrungen, dass sie ihr Leben in die Hand nehmen und eigenständig gestalten können, mehr noch, dass sie Konflikte konstruktiv lösen und Probleme erfolgreich meistern können. Genau die Fähigkeiten verkümmern, die sie bräuchten, um auf Abstand zu gehen und das System in Frage zu stellen. Sie verlieren ihr Selbstbewusstsein – das Gespür für sich selbst. Immer weniger wissen sie, was sie ihm Tiefsten fühlen, wie sie Situationen einschätzen und welche Handlungsoptionen ihnen zur Verfügung stehen. Die Dramatik nimmt noch zu, weil sie abhängig gemacht worden und mittlerweile auf die Anerkennung, Wertschätzung, Zuwendung ihrer Gurus und Gemeinschaften angewiesen sind.

> „Man lebte von der Bestätigung der Leiter, die einem auf die Schulter klopften und für tapfer hielten." (Jule Sandemann)
> „Er gab mir das Gefühl, unglaublich wichtig für ihn zu sein […] Es war ein tolles Gefühl, von ihm so gesehen zu werden, so viel Aufmerksamkeit zu bekommen. […] Ich wurde regelrecht süchtig nach diesen Kontakten." (Victoria Gabriel)

Außerdem sind die Opfer auch in materieller und sozialer Hinsicht abhängig und auf Unterstützung angewiesen. Irgendwann geben sie sich auf und akzeptieren die Manipulation, Fremdbestimmung und Leitung von außen. Da sie nun nichts mehr kontrollieren oder entscheiden müssen, wird das Leben für sie oberflächlich einfacher. Doch sie zahlen einen hohen Preis für diese Fernsteuerung. Regelmäßig kommt es zu neuen Übergriffen, Demütigungen, Verurteilungen, was erneut Gefühle von Hilflosigkeit und Verzweiflung hervorruft. Wenn der Nebel sich lichtet, sodass Mitglieder überlegen, das missbräuchliche Sozialgefüge zu verlassen, werden diese Dynamiken besonders deutlich. Sie spüren die Abhängigkeit und können doch auf die jahrelang eingenommene ‚Droge' nicht verzichten. Sie leiden unter der zunehmenden Gewalt und wollen doch die Hoffnung auf die Erfüllung der großen Versprechen des Anfangs nicht aufgeben. Manchmal wird ihnen gedroht, so dass der wachsende Mut einen Rückschlag erleidet. Bei geäußerten Austrittswünschen, wird ihnen gesagt, „dass der Satan eben am Werk ist und Menschen vom Guten abhalten will" (Anna Reichmuth) Andere haben noch im Ohr, was über Schwestern gesagt wurde, die bereits gegangen sind: „Da trennt sich die Spreu vom Weizen" (Felizitas Veith). Andere Male werden sie erneut angelockt und verführt. „Ich war emotional gebunden und es gab immer wieder Versuche, mich ‚einzufangen'" (Jule Sandemann) und es werden ihnen neue verlockende Aufgaben anvertraut, so wie die Planung und Leitung einer großen Jugendwallfahrt (Jule Sandemann).

Häufig verhindert der Körper ein Weiter-So, beispielsweise durch totale Erschöpfung und andere Symptome (Sr. Maria Kurg, Salome Kühne, Michaela Mack, Romy Nanuk, Veronika Nowak, Felizitas Veith) oder Burnout. Unterstützung von außen ist dabei unabdingbar, es braucht eine Wohnmöglichkeit und/oder eine Arbeitsstelle außerhalb der Gemeinschaft. Wichtig sind Menschen, die zuhören und verstehen, was mit den Betroffenen passiert ist, seien es Bekanntschaften (Elaia Merced, Felizitas Veith), Seelsorger*innen, geistliche Begleiter*innen oder Therapeut*innen. (Victoria Gabriel, Michaela Mack).[13] Für manche sind kurze Auszeiten im Kloster hilfreich, (Anna Reichmuth) für andere wäre das undenkbar, weil die

---

[13] Vgl. als Handbuch für die Begleitung von Opfern geistlichen Missbrauchs: Schulz, Hannah, Durch Nebel hindurch. Aus ignatianischer Sicht geistlichen Missbrauch erkennen und überwinden, Würzburg 2022. Außerdem Hundertmark, Peter, Vorsicht Falle! Täter-Opfer-Umkehr in der Seelsorge wehren, in: Lebendige Seelsorge 74 (2023) 184–188.

klösterliche Atmosphäre zu viele Trigger auslösen würde. Leider gibt es immer wieder auch Berichte von Begegnungen, die alles andere als hilfreich waren, zum Beispiel, weil trotz allem Verständnis dazu aufgefordert wurde zu bleiben oder zurückzukehren (Salome Kühne, Anna Reichmuth).

Es braucht viel Mut, um nach jahrelanger Mitgliedschaft einen Neustart zu wagen. Schließlich verlassen die Betroffenen ihre Heimat, ihre Familie mit Schwestern und Brüdern, Haus und Hof und die spirituelle Verwurzelung. Zusätzlich beginnt ein schmerzhafter Prozess des Aufwachens aus der inneren Trance und die Entdeckungsreise, wie schlimm die Zeit tatsächlich gewesen ist.

„Jetzt im nachhinein fühlt sich manchmal alles so surreal an. So unwirklich. Wie in dem Film ‚Tim Thaler oder das verkaufte Lachen'."
(Felizitas Veith)

Je nachdem wie umfassend die Einflussnahme war, fühlen sich die ehemaligen Mitglieder mehr oder weniger fremd und verloren außerhalb ihrer Gemeinschaften. Sie haben „allen Halt verloren" und fühlen sich „verwirrt, bodenlos, hilflos, aber auch befreit" (Anna Reichmuth). Sie brauchen Jahre, um sich „wieder in die normale Welt von Gesellschaft und Kultur einzuleben" und kommen sich „einfach dumm und aus der Zeit gefallen vor" (Jule Sandemann).

Es braucht eine Art Hebel, um sich als Täter*in in der Persönlichkeit der Opfer allmählich einnisten zu können. Der Ausstieg wird in ähnlicher Weise durch Bruchstellen im missbräuchlichen System ermöglicht, an denen ein anderer Hebel ansetzen kann: Durch Abstand und Erholung, wie zum Beispiel während einer Reha, erinnern sich manche Frauen an die Person, die sie einmal gewesen sind. Für andere ist es eine befreiende Gotteserfahrung, in denen Gott selber ihnen neues Licht und Kraft zum Ausstieg schenkt. Bei einem Studium wird die Fremdbestimmung des Denkens entschärft. Innerhalb einer Therapie verändert sich die Selbstwahrnehmung und der Zugang zu Empfindungen und Gefühlen wird wieder ermöglicht. Ein starker Hebel ist die Erfahrung von bedingungsloser Annahme in Freundschaften oder Liebesbeziehungen.

Einige haben sich durch das Leid, das ihnen im Namen Gottes zugefügt wurde, vom Glauben ganz abgewandt: „Ich selber habe während der Zeit im Kloster den Glauben verloren. [...] Ich lebe – das ist für mich genug." (Veronika Nowak). Andere haben einen neuen, eigenen Zugang gefunden. Häufig ist dieser kreativ, geprägt von Einfachheit, irgendwie natürlich und für sie passend, fern von äußeren Vorgaben und Verpflichtungen. (Victoria Gabriel). Für Regina Diem liegt er im Orgelspiel, für Elisabeth Eicher war neben anderen Schritten ein verständnisvolles Gespräch mit heutiger Leitung ein wichtiger Schritt zu noch mehr Frieden. Enden möchte ich mit einem Zitat von Anna Reichmuth, weil ich in ihren Worten eine gesunde, förderliche und überhaupt nicht missbräuchliche Spiritualität wahrnehme: „Heute finde ich für meinen Glauben oft keine Worte. Er ist Geschenk, er ist Sehnsucht, er ist geheimnisvoll, er ist Freiheit, er ist Weg, er ist Hoffnung."

Dr. Hannah A. Schulz ist systemische Supervisorin, Coach und Therapeutin (HpG) in eigener Praxis in Bensberg bei Köln und Referentin in der Erwachsenenbildung. Ihr Arbeitsschwerpunkt ist die Integration von Spiritualität und Psychologie. https://sinnvoll-supervision.de

Toxische Erwählung

Macht und Missbrauch in Neuen Geistlichen Gemeinschaften und charismatischen Bewegungen[1]

Hildegund Keul

Haben Neue Geistliche Gemeinschaften (NGG) und charismatische Bewegungen eine besondere Anfälligkeit für geistlichen Missbrauch, spirituelle Entgleisung und sexuelle Gewalt? Diese Frage lässt sich nach den Erkenntnissen der letzten Jahre mit einem klaren „Ja" beantworten. Sehr drastisch drückte es ein Kurienkardinal aus, der lieber anonym bleiben wollte: „Wenn man eine neue Gründung kommen sieht, sagt man sich schnell, wenn man es nicht besser weiß, dass der Gründer ein Perverser sein muss ... und man irrt sich selten."[2] Über den Begriff „Perverser" müsste erst noch gestritten werden. Aber unbestreitbar stehen zur Debatte und werden in den Betroffenenberichten von „Selbstverlust und Gottentfremdung" offenkundig: geistlicher Missbrauch, der bis zur Suizidalität der Betroffenen führen kann; spirituelle Entgleisungen, die mystische, biblische und theologische Traditionen als Werkzeuge des Missbrauchs verwenden; und eine Ausübung von Autorität und Führungsverantwortung, die emotionale Abhängigkeit und häufig sexuelle Gewalt ermöglichen.

In diesem weiten Themenkomplex rückt der folgende Beitrag zunächst den theologischen Schlüsselbegriff der *Erwählung* in den Mittelpunkt, der in der charismatischen Bewegung[3] elitär verwendet wird und auf „spirituelles Othering" setzt (1.). Die elitäre Erwählungsüberzeugung, die Opferbereitschaft weckt, wird toxisch, wenn sie in Opferspiralen führt (2.). Um dieser Gefahr zu wehren, wäre ein offener, proaktiver Umgang mit Missbrauch und Vertuschungsge-

---

[1] Gefördert durch die Deutsche Forschungsgemeinschaft (DFG) – Projektnummer 389249041.
[2] Hoyeau, Céline, Der Verrat der Seelenführer. Macht und Missbrauch in Neuen Geistlichen Gemeinschaften, hg. v. Hildegund Keul, Freiburg im Breisgau 2. Aufl. 2023, 37.
[3] Die Grenzen zwischen NGG und charismatischen (Erneuerungs-)Bewegungen sind fließend. Ich verwende die Bezeichnung „charismatische Bewegung" als Oberbegriff, zu dem ich auch die NGG zähle; aber nicht jede Bewegung ist eine Gemeinschaft mit festen Mitgliedern, so z. B. das „Augsburger Gebetshaus".

walt im Raum der Spiritualität besonders wichtig; aber wie sieht es damit aktuell aus (3.)? Wer bei elitärer Erwählung ansetzt, Opferspiralen riskiert und mit utopischen Heilsversprechen arbeitet, setzt Spiritualität als wirksame Macht ein, die vielfältig genutzt werden kann – insbesondere im Raum von ‚Sex, Macht und Geld' (4.). Aber in der sich ausbreitenden Vulneranz gibt es auch Hoffnungszeichen (5.).

Vorab noch eine Anmerkung zu wissenschaftlichem Hintergrund und Methode. In den letzten Jahren arbeite ich in der Vulnerabilitätsforschung zu Missbrauch und Vertuschungsgewalt, auch speziell in der charismatischen Bewegung.[4] Im Folgenden wähle ich zwei empirische Zugänge: Ich beziehe mich zum einen auf die Betroffenenberichte in „Selbstverlust und Gottentfremdung"[5] und zum anderen auf Homepages aus der charismatischen Bewegung. Da ich weder die Namen der Betroffenen kenne noch die Gruppe oder Bewegung, in denen der dort geschilderte Missbrauch geschah, sind beide Zugänge voneinander unabhängig.

1. Elitäres Erwählungsbewusstsein durch „spirituelles Othering"

NGG und charismatische Bewegungen sind von der Überzeugung geprägt, in besonderer Weise erwählt zu sein und diese Erwählung ganz entschieden im Alltag zu leben. Céline Hoyeau, Journalistin und Führungskraft der französischen Tageszeitung „La Croix", erläutert in ihrem Buch „Der Verrat der Seelenführer" den Hintergrund dieser Überzeugung. Im 20. Jahrhundert erfuhr die römisch-katholische Kirche in Europa demnach einen Macht- und Autoritätsverlust, der mit zunehmender Säkularisierung, steigender Konkurrenz nichtchristlicher religiöser Angebote und einem erheblichen Rückgang der Priesterweihen einherging. Im Kontrast dazu erschienen die NGG wie ein Wundermittel zur Rettung der Kirche. Sie konnten zahllose junge Menschen begeistern und etliche junge Männer zur Priesterweihe bewegen, indem sie eine ganz andere Spiritualität versprachen, mehr auf kommunikative Nähe und Lebendigkeit, Gemeinschaftsgeist und Körperlichkeit sowie Berührung mit dem Heiligen setzten.

---

[4] Siehe www.Verwundbarkeiten.de; sowie: Keul, Hildegund, Vulnerability, Vulnerance and Resilience – Spiritual Abuse and Sexual Violence in New Spiritual Communities, in: Religion 13 (2022), 5, 425 (Open Access www.mdpi.com/2077–1444/13/5/425).

[5] Alle folgenden Zitate aus Betroffenenberichten entstammen dem Band Haslbeck, Barbara u.a. (Hg.), Selbstverlust und Gottentfremdung. Spiritueller Missbrauch an Frauen in der katholischen Kirche, Ostfildern 2023.

Ihr Ziel war es, „Neues aus den Trümmern des Alten entstehen zu lassen"[6]. Sie waren zusammen mit Papst Johannes Paul II., der ihnen nachdrücklich den Rücken stärkte, davon überzeugt, dass sie in der Kirche einen neuen Frühling bewirken könnten. Hoyeau betitelt das zweite Hauptkapitel ihres Buchs mit „Die Kirche retten"[7] und kennzeichnet damit die Mission der NGG.

Als relativ kleine Gruppe die ganze Kirche retten zu wollen, das ist ein sehr hohes Ziel. Solche hohen Ziele finden sich auch heute noch. Die „Gemeinschaft der Seligpreisungen" beispielsweise formuliert ihr Selbstverständnis unter dem Stichwort „Leben im Geist" folgendermaßen:

> „Die Gemeinschaft ist stark von der Überzeugung bewegt, dass der Herr bald kommt und dass man sein Kommen beschleunigen kann, indem man durch den Lobpreis, die Schönheit der Liturgie und das geschwisterliche Leben das Himmelreich vorwegnimmt."[8]

Allein schon die feste Überzeugung, „im Geist" zu leben, ist fragwürdig, solange sie einen kritischen Blick auf sich selbst unterbindet. Zudem: das endzeitliche Kommen Christi beschleunigen und das Himmelreich vorwegnehmen – welch übergroße Aufgabe, welch außergewöhnlich Berufung, welch herausragende Erwählung. Was Gott wohl dazu sagen würde? Viele NGG leben aus einer elitären Erwählungsüberzeugung heraus. Exemplarisch sind hierfür auch die „FOCUS (Fellowship of Catholic University Students)"-Missionare, die derzeit in die Hochschulpastoral drängen und die nach Wien und Graz mittlerweile auch in Passau und Düsseldorf verortet sind. Auf der Startseite formulieren sie ihr Anliegen: „FOCUS in Deutschland. Das Evangelium an deutsche Universitäten bringen."[9] Das Motto suggeriert, dass es das Evangelium an deutschen Universitäten noch nicht gäbe und erst dorthin gebracht werden müsste. Einmal abgesehen davon, dass sich hier die Frage nach der anonymen Präsenz des Evangeliums stellt, ist unbestreitbar, dass an deutschen Universitäten schon längst christliche Menschen aktiv sind, als Studierende und Lehrende oder auch in der Verwaltung. Selbstverständlich gehören

---

[6] Hoyeau, Der Verrat der Seelenführer, 67.
[7] Hoyeau, Der Verrat der Seelenführer, 61–93.
[8] La Communauté des Beatitudes, Das Leben im Geist. Online: https://beatitudes.org/de/wer-sind-wir/unser-ruf/ [alle Links eingesehen am 27.9.2023].
[9] FOCUS 25th, FOCUS in Deutschland. Das Evangelium an deutsche Universitäten bringen. Online: https://focus.org/deutschland/.

zum Spektrum der Präsenz des Evangeliums auch katholische Fakultäten und Institute, die in Deutschland noch recht zahlreich sind. Auch an der Universität Passau wird Katholische Theologie gelehrt, die immerhin mit fünf Lehrstühlen vertreten ist.

Wer sich in einer Gemeinschaft oder Bewegung engagiert und in den Dienst ihrer höheren Sache stellt, wähnt sich in besonderer Weise göttlich erwählt. Erwählung aber bleibt nicht theoretisch, sondern sie formt das Leben. Sie will praktiziert werden. Die Loretto-Gemeinschaft ermuntert unter der Rubrik „Mitarbeiten":

> „Wer Jesus kennen lernt, kann nicht einfach *Konsument von ein bisschen Spiritualität* bleiben. Er oder sie wird in den Dienst gerufen! So läuft das! Wir folgen ja dem nach, der seinen Jüngern die Füße gewaschen hat. Oft ist der erste Schritt in den Dienst im Reich Gottes ganz klein. Meistens beginnt er mit einer Frage wie: *'Kannst du bitte beim Eingang die Leute begrüßen?'*; oder: *'Kannst du bitte bei der Kinderbetreuung mithelfen?'*; oder: *'Wir brauchen noch jemanden für die Essensausgabe bei den Flüchtlingen. Hast du Zeit?'*
> Dann antworte mit einem großherzigen JA!"[10]

Die Rede vom „ersten Schritt" lässt erwarten, dass weitere Schritte folgen können oder sollten. Mögliche Schritte werden dann auch genannt. – Aber noch etwas anderes fällt an dieser Formulierung auf. Warum wird das Engagement in der Loretto-Gemeinschaft als „der erste Schritt in den Dienst im Reich Gottes" bezeichnet? Viele Jugendliche sind längst katholisch, haben sich vielleicht in ihrer Heimatgemeinde z. B. bei den Pfadfinder*innen engagiert und waren vielfältig christlich aktiv, sind also bereits *viele Schritte* im Dienst des Reich Gottes gegangen, bevor der angeblich *erste Schritt* geschah. Indirekt desavouiert die Rede vom „ersten Schritt" die frühere christliche Praxis. Es ist keineswegs ausgeschlossen, dass alle, die sich in der Loretto-Gemeinschaft engagieren, zuvor bereits im Dienst am Reich Gottes aktiv waren. Und umgekehrt ist es keinesfalls sicher, dass jedes Engagement in der Loretto-Gemeinschaft tatsächlich im Dienst am Reich Gottes steht, auch wenn das obige Zitat meines Erachtens den Anschein erweckt.

Elitäre Erwählung verbindet Menschen und stiftet Gemeinschaft. Entsprechend prägt ein starkes Gemeinschaftsgefühl die charisma-

---

[10] Loretto Gemeinschaft Österreich, Mitarbeiten. Online: https://loretto.at/unterstuetze-uns/. Hervorheb. ebd.

tische Bewegung. „Einige waren überzeugt, dass nur wir den richtigen Glauben hatten, und den Kirchengemeinden an vielen Orten wurde heimlich vorgeworfen, nicht mehr richtig zu glauben." (Anna Reichmuth; siehe auch Jule Sandemann) Diese Überzeugung wird in spirituellen Ritualen zugleich präsentiert, erzeugt und intensiviert. Hier bestärken Menschen sich gegenseitig im Bewusstsein des Außergewöhnlichen. Das Buch „Selbstverlust und Gottentfremdung" liefert viele Beispiele, wie sich in Gebetskreise, Lobpreis und Liturgie das einschleicht, was ich *spirituelles Othering* nenne. Manchmal werden ‚die anderen' „Weltmenschen" (Jule Sandemann) genannt. Kommt eine charismatische Gruppierung in eine Gemeinde, entsteht die Gefahr der Spaltung. „Meine Gemeinde ist inzwischen gespalten: Da gibt es die Anhängerinnen und Anhänger der ‚Zeugen des Evangeliums' auf der einen Seite und auf der anderen Seite die ‚kritischen' Gemeindeleute wie mich." (Annika Jonas)

„Othering" (Gayatri Chakravorty Spivak) ist ein soziologisches Fachwort, das den machtdurchtränkten Prozess beschreibt, Individuen oder Gruppen als fremd, anders (other) oder gar andersartig zu essentialisieren und mit dieser Setzung des Anderen die eigene Identität oder die Identität der eigenen Gemeinschaft (Familie, Ethnie, Geschlecht, Kultur, Religion …) zu formatieren. Mithilfe einer stereotypen Unterscheidung (Distinktion) sieht man sich selbst auf der ‚besseren' Seite und verortet hier die entscheidenden Werte, die angeblich bei den anderen fehlen. Daher wird die Abgrenzung der essentialistisch Anderen schnell zur Diffamierung.[11] Das Othering hat einen Distinktionsgewinn (Pierre Bourdieu) zur Folge: Durch die Abgrenzung gegen „die anderen" und gleichzeitige Anerkennung und wechselseitige Bestärkung in der eigenen Gruppe steigen das Selbstbewusstsein und häufig auch der Tatendrang.

Die charismatische Bewegung setzt im spirituellen Othering auf solche Distinktionsgewinne. So geht es beispielsweise um sexuelle „Reinheit", die in etlichen Gemeinschaften großgeschrieben wird (vgl. Regina Diem). Sie wendet sich gegen Pornographie, Selbstbefriedigung sowie Sex vor und außerhalb der Ehe – und damit unter Umständen auch gegen Homosexualität (vgl. Annika Jonas). Von heutigen Jugendlichen heißt es allgemein, dass sie sexuell schon früh

---

[11] Zum Othering als „Selbstdefinition durch Fremdabwertung" (im Anschluss an Rainer Bucher) siehe Leimgruber, Ute / Hölzl, Michael: Ressentiment als pastoraltheologische Herausforderung, in: Aigner, Maria Elisabeth u. a. (Hg.), Weiter Gehen. Eine Roadmap ins Offene, Würzburg 2021, 146–160; hier: 150.

aktiv sind, viel ausprobieren und regelmäßig Pornografie konsumieren. Wer dagegen öffentlich verspricht, auf Sex außerhalb der Ehe zu verzichten und stattdessen mit Gott intim zu sein, erzielt einen Distinktionsgewinn, der aus dem Erwählungsglauben resultiert. Ein signifikantes Beispiel liefert „free!ndeed", eine Bewegung, die mit „Freiheit, Reinheit und radikaler Nachfolge" argumentieret.[12] Sie bietet beispielsweise Onlinekurse an „für Frauen, die mit Selbstbefriedigung, Pornografie oder anderen sexuellen Gebundenheiten zu kämpfen haben und nun bereit sind, den Kampf mit Jesu' Stärke zu kämpfen und zu gewinnen."[13] Aus Reinheit, die sich von angeblicher Unreinheit abgrenzt, lässt sich so mancher Distinktionsgewinn erzielen.

Wenn der Glaube an eine *außergewöhnliche* göttliche Erwählung in einem sozial-religiösen Netzwerk breite Anerkennung und Bewunderung findet, dann wird ein Ritual, das diese Erwählung frenetisch feiert, zur berauschenden Machterfahrung. Ein gemeinschaftliches Gebet, ein sorgfältig inszenierter Lobpreis oder ein Ritual an einem besonderen Ort zu besonderem Anlass und in möglichst großer Versammlung kann das Selbstbewusstsein puschen, dem Leben Schwung verleihen und den Alltag beflügeln. Am Anfang einer freiwilligen Zugehörigkeit zur charismatischen Bewegung stehen daher meist Erfahrungen, die Betroffene selbst sehr positiv beschreiben. Zu einer Gemeinschaft zu gehören, die davon überzeugt ist, sehr hohe Ziele zu erreichen und sich in den besonderen Dienst Gottes zu stellen, stärkt das Leben. Zumindest anfangs.

„Als ich im Bus die jungen Menschen erlebte, die in ihrer Freizeit andere dabei begleiteten, wie sie ihren Glauben vertiefen können, war es um mich geschehen. […] Nach der Woche Wallfahrt wusste ich, dass ich festes Mitglied der Gruppe werden wollte, um endlich mit anderen den Glauben zu teilen, Gott tiefer kennenzulernen und der Welt da draußen mitzuteilen, wie schön und bereichernd ein Leben mit Gott und der Kirche sein kann." (Jule Sandemann)

---

[12] Free!ndeed e. V., free!ndeed. Online: https://free-indeed.de.
[13] Free!ndeed e. V., Generation Esther. REIN. Der Kurs für Frauen, die sich nach Freiheit und Reinheit sehnen, in: https://free-indeed.de/rein-aufbaukurs.

2. Die Gefahr: Opferbereitschaft und Opferspiralen

Theologisch wäre hier zu diskutieren, inwiefern ein elitärer Erwählungsglaube, der durch spirituelles Othering erzeugt wird, überhaupt dem christlichen Glauben an die göttliche Berufung eines *jeden* Menschen entspricht.[14] Aber darum geht es hier nicht, sondern vielmehr um die Gefahr des Toxischen, die hieraus für Mitglieder der charismatischer Bewegung entsteht. Denn elitärer Erwählungsglaube, der von spirituellem Othering lebt, kann sehr gefährlich werden. Es war das „die Kirche retten", das die vielen Gründer (und einige Gründerinnen) der charismatischen Bewegung Frankreichs sakrosankt machte und vor jeglicher Kritik immunisierte. Hoyeaus Buch dokumentiert zahlreiche Fälle, wo sich spiritueller Missbrauch, Ausbeutung von Geld und Arbeitskraft bis hin zu sexueller Gewalt einnisteten und systemisch wurden. Es fokussiert jene Gründer von Gemeinschaften, die jahrelang als charismatische Menschen, überzeugende Prediger, sensible Seelenführer, herausragende Mystiker hofiert und geradezu wie Heilige verehrt wurden, dann aber als Missbrauchstäter enttarnt wurden. Hoyeau beschreibt dies sehr eindrücklich als „Sturz der Sterne"[15], weil einer nach dem anderen und ständig mehr Täter enttarnt wurden.

Von außen betrachtet wirkt es oft unglaublich, worauf Menschen sich in der charismatischen Bewegung einlassen. Die Bereitschaft, Verzicht zu üben, Widrigkeiten zu ertragen und Opfer zu bringen, erscheint in manchen Fällen fast grenzenlos (vgl. Michaela Mack, Jule Sandemann, Regina Diem). Die Dokumentation des Bayerischen Rundfunks mit dem Titel „Seelenfänger" führt das im Blick auf die aufgelöste „Katholische Integrierte Gemeinde (KIG)" vor Augen. Ehemalige Mitglieder bezeugen finanzielle Ausbeutung, spirituellen Missbrauch und allgemein einen Machtzugriff, der selbst in das Liebesleben (Heirat, Kinder, Scheidung) eingriff.[16] Wer engagiertes Mitglied sein wollte, musste zugunsten der Gemeinde auf vieles verzichten, bis dahin, dass trotz lebenslanger enormer Arbeitszeit

---

[14] Hier ist die Pastoralkonstitution „Gaudium et spes" einschlägig: „Da nämlich Christus für alle gestorben ist und da es in Wahrheit nur eine letzte Berufung des Menschen gibt, die göttliche, müssen wir festhalten, dass der Heilige Geist allen die Möglichkeit anbietet, diesem österlichen Geheimnis in einer Gott bekannten Weise verbunden zu sein." (GS 22)

[15] Hoyeau, Der Verrat der Seelenführer, 41–60.

[16] Vgl. Glaser, Emeli / Müller, Dennis, Seelenfänger. Im Sog der integrierten Gemeinde. Online: www.ardaudiothek.de/sendung/seelenfaenger/10825239/.

(beruflich und ehrenamtlich in der Gemeinde) die Alterssicherung nicht gewährleistet war. Mittlerweile ist das erwirtschaftete Geld, das auch in hochpreisigen Immobilien steckte, für Betroffene nicht mehr auffindbar.

Je höher das Ziel einer Gemeinschaft und je stärker dementsprechend der elitäre Erwählungsglaube ist, desto höher wird die Verletzungsgefahr für ihre Mitglieder. Die Ursache hierfür liegt im Zusammenhang zwischen Erwählungsglauben und jener Opferbereitschaft, die oben bereits im Zitat der Loretto-Gemeinschaft anklang. Selbstverständlich können Menschen Opfer bringen und sich selbst verschwenden, um sich in den Dienst einer höheren Sache zu stellen. Selbstverschwendung ist ein Lebensprinzip, ohne das es kein Leben geben kann. Menschen sind überaus bereit, Opfer zu bringen für das, was ihnen am Herzen liegt und heilig ist.[17] In der charismatischen Bewegung verschreiben sich Menschen aufgrund ihrer elitären Erwählungsüberzeugung einem Ziel, das unendlich höher ist als sie selbst. Je höher das Ziel ist, desto höher steigt die Opferbereitschaft; und je mehr Opfer man bringt, desto heiliger wird das, worum es geht. So entstehen Opferspiralen. Diese können sich unmerklich ständig steigern, bis es zu jenem Kipppunkt kommt, wo aus anfänglicher Stärkung eine Schwächung des Selbstbewusstseins wird; wo statt einem Aufblühen des Lebens seine Zerstörung beginnt; und wo eine anfängliche Machterfahrung in eine Ohnmacht hineinführt, die sich permanent steigert. Statt lebensstiftendem Sacrifice (freiwilliges Opfern) nimmt die Victimisierung überhand.

> „In der Anfangsphase hatte ich mich in einem schwebenden Zustand gefühlt. Ich war zu Leistungen fähig, die ich von mir selbst gar nicht kannte. Doch irgendwann ging's bergab: Nervenzusammenbruch. […] Ängste, immer mehr Ängste bauten sich auf, Panikattacken, monatelang Weinkrämpfe, Therapie, sedierende Medikamente, Klinik. Autoaggression, ich schlug mich selbst. Ich war suizidal." (Romy Nanuk)

Die Gefahr von spirituellem, finanziellem und sexuellem Missbrauch ist in einer Gemeinschaft oder Bewegung besonders hoch, wenn eine charismatische Persönlichkeit 1. als außergewöhnliche geistliche

---

[17] Siehe Keul, Hildegund, Schöpfung durch Verlust, Band I: Vulnerabilität, Vulneranz und Selbstverschwendung nach Georges Bataille, Würzburg 2021, besonders 155–310, https://doi.org/10.25972/WUP-978-3-95826-159-4.

Autorität Anerkennung findet, 2. die besondere Erwählung der Gemeinschaft überzeugend vertritt, ja geradezu verkörpert, und damit 3. die Opferbereitschaft der Mitglieder enorm steigert. Im Zentrum von Missbrauch aller Art sind Opferspiralen am Werk.

> „Das extreme Gebetsprogramm, der enorme Zeitmangel und das körperliche Ausgemergeltsein bewirkten in mir einen gewissen Charakterwandel. Freude empfand ich, wenn ich eine religiöse Hochleistung vollbracht hatte oder die Anerkennung des Leitungsteams bekam. Meine Persönlichkeit, die Sorge um mich selbst war ganz weit unten. Hobbys? Freunde? Fehlanzeige. Ich merkte ebenso wenig, wie meine Eltern unter der Situation litten, die ihre Tochter nicht mehr erkannten. Mich nervten sie, denn sie waren »normale Sonntagschristen«, die meinen Eifer bremsten. Sie verstanden es nicht, welch wichtigen Plan unsere Gruppe verfolgte, und wie wichtig es war, alles zu geben, sich selbst abzutöten und Opfer zu bringen." (Jule Sandemann)

Wegen der permanent steigenden Opferbereitschaft können Meister*innen der Manipulation immer mehr und immer Absurderes verlangen.

> „Wie stark wir uns täuschen konnten, wenn wir uns auf uns selbst verließen, machte der Obere einmal in einem drastischen Beispiel deutlich. Er sagte, wenn wir eine Wand sähen, die weiß sei, er sage uns aber, die Wand sei schwarz, dann müssten wir glauben, dass diese schwarz sei. Besonders wenn die »schwere Zeit«, d. h. eine Zeit der Drangsal käme, sei es wichtig, ihm und seinen Anweisungen blind zu vertrauen." (Michaela Mack)

Weil es angeblich um die Erwählung durch Gott geht, lösen sich auch Erwachsene nur schwer aus der vulneranten Beziehung zum Täter bzw. zur Täterin.

In ihrem bahnbrechenden Buch über „Abus spirituels et dérives sectaires dans L'Eglise"[18] fragen Blandine de Dinechin und Xavier Léger nach Indizien, die erkennen lassen, dass in einer Gemeinschaft oder Bewegung geistlicher Missbrauch und spirituelle oder sektiererische Entgleisung – und häufig daran anschließend sexuelle Ge-

---

[18] De Dinechin, Blandine / Léger, Xavier, Abus spirituels et dérives sectaires dans l'Eglise. Comment s'en prémunir?, Montreal 2019.

walt – eine Gefahr darstellen. Meine These lautet, dass die verschiedenen Indizien im elitären Erwählungsglauben ihren Zusammenhang haben.

Als erstes nennen Dinechin und Léger den Stolz der Gemeinschaft auf „Missionserfolge". Dieser Stolz erhöht den Druck auf alle Mitglieder, selbst zu solchen „Erfolgen" beizutragen.[19] Missionserfolge sind in der Logik der charismatischen Bewegung ein Zeichen für Erwählung. Wer mit der eigenen Erwählung in der Gemeinschaft anerkannt werden will, muss immer mehr persönliche Opfer bringen, um zum hohen Ziel des Missionserfolgs beizutragen. „Missionserfolg" und Erwählungsglaube schaukeln sich gegenseitig hoch. „Aber es war […] ein großer Druck spürbar, neue Menschen zu gewinnen für Gott." (Anna Reichmuth)

Das zweite Indiz überrascht vielleicht: „die Gemeinschaft strahlt Freude aus"[20]. Erwählte leuchten von innen. Auch Freude wird damit zum Erkennungszeichen der angeblichen Erwählung, so dass es zu einer Art Freudenzwang kommt: Wer dazugehören will, muss Freude ausstrahlen. Dementsprechend werden auf den Homepages der charismatischen Bewegung Überschwang, Glück, Euphorie inszeniert. Auch hier bringt es FOCUS auf den Punkt: „Der Ruf ist da draußen. Werden Sie ihm folgen? Wagen Sie den Sprung in ein Leben voller Freude wie nie zuvor. Gott wird auf außergewöhnliche Weise wirken!"[21] Elitäre Erwählung und „ein Leben voller Freude" werden direkt miteinander verbunden. Allerdings handelt es sich hier um ein utopisches Heilsversprechen. Niemand kann für sich selbst, geschweige denn für andere, „ein Leben voller Freude" garantieren. Und nach christlichem Verständnis ist es schon gar nicht möglich, das ‚außergewöhnliche' Wirken Gottes an eine Mitgliedschaft zu binden, so als erzwinge das Engagement in dieser Gruppe das Handeln Gottes. Es mag sein, dass es in der charismatischen Bewegung Grund zur Freude gibt, aber es gibt auch Grund für Enttäuschung, Resignation, Wut; und für die Verzweiflung von (Nicht-)Überlebenden von Missbrauch und Vertuschungsgewalt. Freudenzwang verschleiert Machtausübung und begünstigt Missbrauch.

„Der Obere hielt uns an, auf Bitten, die uns gestellt werden, immer Ja zu sagen und möglichst keine Bitte abzuschlagen. Man sollte idea-

---

[19] De Dinechin / Léger, Abus spirituels et dérives sectaires dans l'Eglise, 73–78.
[20] De Dinechin / Léger, Abus spirituels et dérives sectaires dans l'Eglise, 78–81.
[21] FOCUS 25th, Werden Sie ein FOCUS-Missionar. Online: https://focus.org/deutschland/

lerweise der Antwort ein »gern« oder »mit Freude« zufügen. Es wurde bei mir ein gewisser Automatismus, auf jede Anfrage auf diese Weise zu reagieren, und die meisten anderen machten das auch so." (Michaela Mack).

Als drittes Indiz nennen Dinechin und Léger den Umstand, dass die offensiv missionarische Ausrichtung den Eindruck von Ordnung und Disziplin erzeugt, damit aber einen enormen Homogenisierungsdruck ausübt.

„Einzelne dieser Begleiterinnen waren so gut aufeinander abgestimmt und der Gemeinschaft hörig, dass die »Stimme Gottes« immer einheitlich klang." (Cäcilia Görtz)

Individualität ist nicht gefragt, weil alle Kräfte auf das hohe Ziel der Mission auszurichten sind. Kritische Stimmen tasten den Mythos der außergewöhnlichen Erwählung an und werden deswegen systematisch unterdrückt. Die Erwählung der Gemeinschaft und ihrer charismatischen (Gründungs-)Figuren wird sakrosankt. Markant sind auch spiritueller Stolz und Diskreditierung anderer Menschen, die nicht zur Gemeinschaft gehören (viertes Indiz). Der elitäre Erwählungsglaube, der durch spirituelles Othering erzeugt wird, führt zur Isolation von Menschen außerhalb der Gemeinschaft (Familie, Berufswelt, Freunde und Freundinnen). Wo dies gelingt, haben Täter und Täterinnen freies Feld. Der Druck unter den Mitgliedern kann so hoch werden, dass Mobbing irgendwann zum Alltag gehört (fünftes Indiz). Neben die Isolation nach außen tritt die Isolation im inneren Zirkel und verstärkt die Vereinsamung.

„Was in den anderen vorgeht, was sie gerade beschäftigt und worunter sie leiden, war einem deshalb weitestgehend unbekannt. Nach außen hin sah man nur die Fröhlichkeit und das strahlende Lächeln." (Michaela Mack)

3. Offenlegung? Eine Problemanzeige

Missbrauch hat in der charismatischen Bewegung seine eigene Logik. Sie drängt Menschen zum Ertragen von Leid, zu Verzicht und Unterwerfung, die sie später selbst nicht mehr verstehen können. Aufgrund von Zeugnissen von Betroffenen, journalistischen Recherchen und wissenschaftlichen Studien ist heute kaum noch bestreitbar, dass die charismatische Bewegung für spirituellen, finanziellen und humanen Missbrauch sowie für sexuelle Gewalt besonders anfällig sind. Da die Tatsachen öffentlich bekannt sind, könnte die Bewegung diese Gefahr erkennen, anerkennen und Schritte unternehmen, um die toxische Gefahr einzudämmen. Hier ist proaktives Handeln gefragt. Professionelle Präventionskonzepte, die mit Außenperspektiven arbeiten, sollten selbstverständlich sein, obwohl sie es längst noch nicht sind.[22] Aber Prävention ist per se auf die Zukunft ausgerichtet. Dieser Blick auf die Zukunft wird immer getrübt bleiben, wenn er vom Blick auf die Vergangenheit ablenken soll. Ohne Aufarbeitung läuft die beste Prävention ins Leere, denn es ist ja gerade das spirituelle Selbstverständnis, das sich ändern muss. Das A und O der Aufarbeitung sind wiederum Ehrlichkeit und Offenheit im Umgang mit der Vergangenheit. Allerdings liegt hier vieles im Argen.

Ein signifikantes Beispiel bietet die bereits genannte „Gemeinschaft der Seligpreisungen". Wenn man auf deren Homepage das Suchwort „Missbrauch" in die Maske eingibt (23.8.2023), erscheint ein Treffer, der auf „Unsere Geschichte" verweist. Dort erfährt man etwas über die Gründung der Gemeinschaft u. a. durch Gérard und Jo Croissant, Mireille und Jean-Marc Hammel sowie über den Erfolg der „missionarischen und apostolischen Sendung". Dann heißt es unter der Überschrift „Wachstumskrise":

> „Nach dieser Phase der sehr schnellen Expansion gerät die Gemeinschaft in den 2000er Jahren in eine Wachstumskrise. Strukturelle Mängel in der Art der Leitung, der Form des Gemeinschaftslebens und der Identität der einzelnen Lebensstände zwingen die Gemeinschaft zu tiefgreifenden Reformen. Gleichzeitig wurde sie durch die Enthüllung des sexuellen Missbrauchs durch drei ihrer Mitglieder erschüttert. Daraufhin wurde ein langer Weg der Umstrukturierung eingeschlagen."[23]

---

[22] Auf den Homepages sind sie jedenfalls nicht immer klar erkennbar. Beispielsweise konnte ich beim „Augsburger Gebetshaus" sowie bei „Nightfever" kein Präventions- oder Schutzkonzept finden. Siehe Gebetshaus e.V.; online: https://gebetshaus.org/ und Nightfever e.V.; online: https://nightfever.org/ [jeweils zum Redaktionsschluss 28.09.2023].

[23] La Communauté des Beatitudes, Wer sind wir. Online: https://beatitudes.org/de/wer-sind-wir/geschichte.

Hier fallen zwei Punkte auf. *Erstens* werden spiritueller Missbrauch und sexuelle Gewalt unter der Überschrift „Wachstumskrise" verhandelt. Aus meiner Sicht ist das ein Versuch, die in der Gemeinschaft geschehenen Verbrechen zu verharmlosen und damit zu vertuschen: Missbrauch wird als Wachstumsproblem dargestellt, ja schöngeredet, statt seine Vulneranz klar zu benennen. Diese Strategie wird fortgeführt, indem nicht über die Notwendigkeit der Aufarbeitung von Verbrechen gesprochen wird, sondern nur von der Notwendigkeit der „Umstrukturierung". *Zweitens* werden die Missbrauchstäter als „drei ihrer Mitglieder" adressiert. Die Studie von Céline Hoyeau offenbart, wer hinter dieser Bezeichnung verborgen wird: a) der Gründer der Gemeinschaft, Gérard Croissant, der lange Zeit als großer Mystiker verehrt wurde, der aber Hoyeau zufolge „in ‚mystischen Nächten' sexuelle Beziehungen mit jungen Frauen" unterhielt, „die meisten von ihnen Geweihte seiner Gemeinschaft. Eine von ihnen ist zu Beginn der Beziehung minderjährig."[24] 2007 wurde er vom diakonischen Amt entbunden und 2008 offiziell aus der Gemeinschaft ausgeschlossen; b) Croissants Schwager und Generalmoderator der Gemeinschaft, Philippe Madre, der kirchlich angeklagt und des „sexuellen Missbrauchs durch eine Autoritätsperson" für schuldig befunden und deswegen vom Diakonat und all seinen Verantwortlichkeiten entbunden wurde;[25] c) der Kantor der Gemeinschaft, Bruder Pierre-Etienne Albert, der 57 sexuelle Übergriffe auf Minderjährige in den Gemeinschaftshäusern zugeben musste; er wurde staatlich zu fünf Jahren Haft verurteilt.[26] Diejenigen, die sich des Missbrauchs schuldig machten, waren Führungskräfte der Gemeinschaft. Sie als „drei ihrer Mitglieder" zu bezeichnen, verbirgt diese Tatsache.

Besondere Brisanz erhält der fragwürdige Umgang der Gemeinschaft mit ihrer Missbrauchs-Vergangenheit auch im deutschsprachigen Raum: Die „Arbeitsstelle für Jugendseelsorge der Deutschen Bischofskonferenz (afj)" nennt die „Gemeinschaft der Seligpreisungen" als einen ihrer Kooperationspartner.[27] Zudem informiert sie,

---

[24] Hoyeau, Der Verrat der Seelenführer, 49.
[25] Vgl. Hoyeau, Der Verrat der Seelenführer, 49.
[26] Vgl. Hoyeau, Der Verrat der Seelenführer, 50.
[27] Arbeitsstelle für Jugendseelsorge der Deutschen Bischofskonferenz, Kooperationspartner der afj. Online: www.afj.de/partner. – Zur Problematik bei der „Katholischen Pfadfinderschaft Europas (KPE)" und in anderen Gemeinschaften siehe Beck, Johanna, Der Verrat der Seelenführer – ein Nachwort, in: Hoyeau, Céline, Der Verrat der Seelenführer. Macht und Missbrauch in Neuen Geistlichen Gemeinschaften, hg. v. Hildegund Keul, Freiburg im Breisgau 2. Aufl. 2023, 241–253.

dass an deren drei Niederlassungen „regelmäßig öffentliche Veranstaltungen von NGG mit Jugendpastoral stattfinden"[28], und zwar „vor Ort" in Kooperation mit der diözesanen Jugendpastoral. Wenn man auf die virtuelle Landkarte der afj klickt, die die Orte markiert, erfolgt eine Umleitung auf die Homepages der NGG.

Die enge Verbindung, die sich hier zeigt, stellt vor die Frage, wie die Jugendpastoral in den Diözesen und auf Ebene der Deutschen Bischofskonferenz mit der Missbrauchsgefahr in der charismatischen Bewegung umgehen. Kommt sie der Notwendigkeit einer kritischen Haltung gegenüber der Aufarbeitung in den Gemeinschaften nach oder versteht sie sich eher als Verstärker dessen, was die NGG in der Öffentlichkeit über sich hören wollen? Eine Broschüre der überdiözesanen Arbeitsstelle mit dem Titel „Die Jugendpastoral der Neuen Geistlichen Gemeinschaften. Ein Dienst der Evangelisierung und des Gebetes mit Esprit"[29] lässt Letzteres vermuten. Sie stammt von 2017 und verliert kein Wort über Missbrauch in NGG. Die Broschüre wird aktuell (Drucklegung des vorliegenden Buchs im Herbst 2023) noch von der afj beworben.

Missbrauch und Vertuschungsgewalt können nur verhindert oder zumindest frühzeitig gestoppt werden, wenn die Gefahr nicht kleingeredet oder gar vertuscht, sondern wahr- und ernstgenommen wird. Hier sehe ich ein gravierendes Defizit in der charismatischen Bewegung. Geistlicher Missbrauch und spirituelle Entgleisung, soweit sie überhaupt in der Sache behandelt werden, werden nicht ausreichend bis gar nicht als Gefahrenpotential in der eigenen Spiritualität begriffen und thematisiert. Die angebliche Erwählung der Gemeinschaften wird begeistert bis euphorisch präsentiert; aber die Wenigsten rufen offen dazu auf, Missbrauch aus der Vergangenheit offenzulegen – was zu einer Kultur beitragen würde, die solche Offenlegung erleichtert. Wer bei einer von überschwänglicher Begeisterung geprägten Homepage die notwendige Aufarbeitung weglässt und nur ein Präventionskonzept präsentiert, suggeriert, dass in dieser Gemeinschaft alles in Ordnung sei – auch dann, wenn dies nicht der Fall ist. Dass Jugendpastoral mit NGG kooperiert, die auf der Homepage kein Präventions- oder Schutzkonzept präsentieren oder

---

[28] Genannt werden: Uedem, Bistum Münster; Bad Driburg, Erzbistum Paderborn; und Geisenheim, Bistum Limburg. Die Niederlassung in Geisenheim scheint allerdings schon länger geschlossen zu sein.
[29] Siehe www.afj.de/themen/jugendpastoral-der-neuen-geistlichen-gemeinschaften.

nachweislich geschehenen Missbrauch unsichtbar machen, ist aus vulnerabilitätstheologischer Sicht nicht vertretbar.

Es gibt ein weiteres Indiz für die mangelhafte Aufarbeitung von Missbrauch und Vertuschungsgewalt in der charismatischen Bewegung: die Angst der Betroffenen, öffentlich über die erlittene Gewalt zu sprechen. Das Buch „Selbstverlust und Gottentfremdung" führt eindrückliche Beispiele von Missbrauch und Vertuschungsgewalt auf. Markant ist, dass weder die Betroffenen mit ihrem Namen auftreten (sie verwenden Pseudonyme) noch die Gemeinschaften benannt werden, nicht einmal summarisch. Auch wenn das Buch kein Aufarbeitungsinteresse verfolgt, so zeigt sich hier doch etwas Signifikantes, das ich auch aus vielen Gesprächen mit Betroffenen und unter Kolleg*innen kenne. Offenlegung ist für Betroffene immer höchst riskant, da sie einen verworfenen Teil der eigenen Lebensgeschichte freilegt und damit die Vulnerabilität erhöht. Aber das ist es nicht allein. Betroffene haben Angst, sich öffentlich zu äußern, weil sie befürchten, dass sie aus der Bewegung heraus diffamiert oder gar mit Klage bedroht werden. Der Druck, die erlittene Vulneranz zu verschweigen, scheint sehr hoch zu sein.

Frankreich erlebte und erlebt weiterhin mit dem „Sturz der Sterne" ein böses Erwachen, seit sich langsam zeigt, wie hoch der Schaden für unzählige Opfer ist und wie sehr die Vulneranz die Glaubwürdigkeit der katholischen Kirche zerstört. Viele Bischöfe waren zuvor vom „Missionserfolg" der charismatischen Bewegung beeindruckt und setzten ihre Hoffnung auf sie, nahmen Kritik nicht ernst und trugen zur Vertuschung bei. Der Zusammenbruch trügerischer Hoffnung in Frankreich ist für den deutschsprachigen Raum eine Warnung. Wie will man der Gefahr wehren, dass auch hier der Absturz kommt? Die charismatische Bewegung bietet mit ihrem elitären Erwählungsglauben und allem, was daraus resultiert, kein Patentrezept für eine Pastoral der Zukunft.

4. Sex, Macht und Geld – ausgerechnet im Raum der Spiritualität

Das Buch „Selbstverlust und Gottentfremdung" präsentiert gezielt Berichte von Betroffenen, die keine direkte sexuelle Gewalt erlitten haben (obwohl auch vulnerante Zugriffe auf die Sexualität von Mitgliedern thematisiert werden, z. B. Regina Diem). Diese Fokussierung hat den Vorteil, dass sie offenbart, wie vulnerant allein schon spiritueller Missbrauch zu sein vermag. Er kann bis zur Zerstörung der

Persönlichkeit und in Suizidalität führen und damit im wahrsten Sinn des Wortes toxisch wirken. Aber diese Fokussierung darf nicht darüber hinwegtäuschen, dass spiritueller Missbrauch häufig sexuelle Gewalt anbahnt. „Spiritueller Missbrauch in der Kirche führt nicht immer zu sexuellem Missbrauch, aber er ist das Vorzimmer dazu."[30] Gar zu schnell werden Betroffene von spirituellem Missbrauch zu Marionetten[31] des Täters, und ihr Selbstbewusstsein, ihr Wille, ihre klare Sicht der Dinge werden gebrochen. Aber wie Hoyeau zeigt, kam es in vielen Fällen noch schlimmer. War der spirituelle Missbrauch weit genug vorangetrieben, so konnten biblische, mystische oder auch theologische Traditionen als Brücke dienen, um die Überschreitung zum sexuellen Missbrauch zu bewerkstelligen. Im Missbrauchsnetzwerk der Brüder Thomas und Marie-Dominique Philippe, die im Mittelpunkt der Hoyeau-Studie stehen, musste die „Freundschaftsliebe" nach Thomas von Aquin für perfide Missbrauchspraktiken herhalten. Täter*innen können einen erotischen Kick erlangen, wenn sie, auratisch vom kerzenflimmernden Raum der Spiritualität umleuchtet, den Sex gegen den klaren Willen, aber ohne entschiedenen Widerstand ihrer Opfer durchsetzen. Ihre berauschende Machterfahrung entsteht im Zusammenströmen von Macht und Unterwerfung, Spiritualität und Erotik, Verbot und Überschreitung. Dass die charismatische Bewegung häufig die sinnliche Körperlichkeit, einen zärtlichen Umgang miteinander, die kritikfreie Begeisterung und insbesondere die „Herzensöffnung" in ihrer mystagogischen Praxis zum Programm erhebt, kommt den Täter*innen entgegen.

Spiritualität ist kein machtfreier Raum. Im Gegenteil. Wenn sie mit dem Heilsversprechen der Gottesnähe arbeitet, rührt sie an eine große Macht. Diese Macht ermöglicht es, dass die bekannte Triade „Sex, Macht, Geld" ausgerechnet die charismatische Bewegung durchdringt. Dass es um Sex und Macht geht, wird im deutschsprachigen Raum mittlerweile breit diskutiert.[32] Bislang wird das Thema „Geld" vernachlässigt. Aber in „Selbstverlust und Gottentfremdung" genauso wie in der Hoyeau-Studie klingt das Problem immer wieder an,

---

[30] De Dinechin / Léger, Abus spirituels et dérives sectaires dans l'eglise, 19. Übersetzung ins Deutsche durch Hildegund Keul.

[31] „Er ist Ihr Dompteur und Sie sind die Marionette." (Romy Nanuk) Ähnlich Michaela Mack.

[32] Zur Macht siehe Odenthal, Andreas / Sautermeister, Jochen (Hg.), Ohnmacht – Macht – Missbrauch. Theologische Analyse eines systemischen Problems, Freiburg i. Br. 2021.

wenn von extrem hoher Arbeitsleistung bei geringster Vergütung, vom Eintreiben von Spenden oder auch dem Luxusleben einiger Führungskräfte die Rede ist. In Bezug auf Geld stehen die „Legionäre Christi" an erster Stelle, die aufgrund ihres finanziellen Reichtums auch „Millionäre Christi" genannt werden. Ihr Gründer Marcial Maciel wurde – nach vielen Jahren des Nicht-wahr-haben-Wollens – mittlerweile zahlloser Missbrauchstaten überführt.[33] Manchmal hilft ein Blick auf Homepages, um die Spur des Geldes zu entdecken. Nachdrücklich, nach meiner Einschätzung penetrant, wirbt die FOCUS-Homepage immer wieder um Spenden. Schon auf der Startseite ist in der Mitte des Bildes der automatische Spendenbutton zu finden.[34] Roland Müller wies im Februar 2020 bereits auf den finanziellen Hintergrund dieser ‚missionarischen Bewegung' hin:

> „An der Spitze der 57 Millionen US-Dollar schweren Organisation steht immer noch Gründer [Curtis] Martin – doch nun als CEO, also Geschäftsführer. Denn FOCUS wird wie ein Unternehmen geführt, das junge Katholiken als Kunden gewinnen will. […] Auch die Verbindung des FOCUS -Gründers zu ultrakonservativen Katholiken passt in dieses Bild. So gehören Martin und weitere Mitglieder der Führungsriege der Organisation zu Legatus, einer Vereinigung wohlhabender katholischer Unternehmer in den USA. Sie wurde vom Milliardär Tom Monaghan ins Leben gerufen, dem Gründer der Pizza-Kette ‚Domino's', der dem Opus Dei nahesteht."[35]

Dabei ist das Spendensystem sehr ausgeklügelt, da es über so genannte „Partnerschaften" funktioniert: Wer für die Bewegung arbeiten will, muss diese eigene Arbeit über das Eintreiben von Spenden selbst finanzieren. Das ist bei FOCUS ebenso wie in der Loretto-Gemeinschaft der Fall.

---

[33] Siehe Hoyeau, Der Verrat der Seelenführer, 178f. 288. Maciel missbrauchte mindestens 60 Minderjährige, und er hatte sexuelle Beziehungen mit Frauen aus verschiedenen Ländern sowie mehrere Kinder. Ein Sohn warf ihm vor, dass er ihn als Kind inzestuös missbraucht habe.

[34] FOCUS 25th, FOCUS in Deutschland. Online: https://focus.org/deutschland/.

[35] Müller, Roland, Studentenmissionare: Die Speerspitze der Neuevangelisierung? US-Organisation FOCUS expanidert nach Deutschland. 18.02.2020. Online: www.katholisch.de/artikel/24241-studentenmissionare-die-speerspitze-der-neuevangelisierung.

„Die Loretto Gemeinschaft finanziert sich laut eigener Darstellung allein aus Spenden. Ihren 700 Mitgliedern empfiehlt das Statut, fünf Prozent des Nettoeinkommens an die Gemeinschaft abzugeben. Deren Angestellte wiederum müssen für ihre Bezahlung selbst sorgen – über ein sogenanntes Partnermodell."[36]

Neben Spenden stellen auch (Online-)Shops und Großveranstaltungen eine sprudelnde Finanzquelle dar. Selbst wenn Veranstaltungsgebühren nicht sehr hoch sind, so lassen sich doch große Gewinne erzielen, wenn die Zahl der Teilnehmenden sehr hoch ist. So erscheinen manche spirituelle Großveranstaltungen lukrative Wirtschaftsunternehmen zu sein.

Was in „Selbstverlust und Gottentfremdung" darüber hinaus auffällt und nicht vernachlässigt werden darf, ist die Arbeitskraft von Mitgliedern und Freiwilligen. Das Arbeitspensum ist in der charismatischen Bewegung sehr hoch. Von denjenigen, die dazugehören wollen, wird viel ‚erbeten' oder auch verlangt. Wenn die Arbeitszeit und –intensität keine Grenzen kennt, kommt es zur Erschöpfung und zu „schwarzen Einbrüche[n]" (Salome Kühne): „Schließlich kam es bei mir zum völligen Zusammenbruch: Erschöpfung, Tinnitus und Burnout mit Suizidgedanken." (Michaela Mack; siehe auch Anna Reichmuth, Jule Sandemann) Das Systemische an der Ausnutzung von Arbeitskraft hinterlässt den Eindruck, dass Menschen hier als billige Arbeitskraft missbraucht werden. Offensichtlich findet – wie bei der „Katholischen Integrierten Gemeinde" – finanzieller Missbrauch in zwei Formen statt, die beide durch manipulative Zwang erreicht werden: aus dem im Beruf erzielten Gehalt soll mehr Geld gespendet werden, als es im Nachhinein vertretbar erscheint; und in der ‚Freizeit' soll beinahe pausenlos und unentgeltlich für die Gemeinschaft gearbeitet werden. So lässt sich in Abwandlung sagen: Der *spirituelle* ist das Vorzimmer zum *finanziellen* Missbrauch.

---

[36] Renzikowski, Christoph / Schmitz, Annika, Mission Marketing. Die Strategie der Loretto Gemeinschaft. Online: www.domradio.de/artikel/mission-mit-marketing-die-strategie-der-loretto-gemeinschaft.

5. Zum Abschluss: „daß unsere Kraft weiter reicht als unser Unglück" – ein Hoffnungszeichen

In Missbrauch und Vertuschungsgewalt, die in religiösen Gemeinschaften geschieht, zeigt sich Spiritualität als eine gefährliche Macht. Dass diese Gefahr in der charismatischen Bewegung kaum erkannt oder gar für die eigene Spiritualität *an*erkannt wird, verstärkt die Gefahr. Diese Erkenntnis erfordert Konsequenzen. Wie kann es weitergehen? Aus meiner – vulnerabilitätstheologischen – Sicht sind hier die Überlebenden entscheidend. Spiritualität kann Leben kleinhalten, beschneiden oder gar zerstören. Sie kann aber auch Leben fördern, ermöglichen, bestärken. Die Initiative „Gottes-Suche"[37] steht dafür, dass längst nicht alle, aber doch viele Betroffene auf der Suche nach letzterem sind. Auch „Selbstverlust und Gottentfremdung" erzählt von Menschen, die eine *andere* Spiritualität entdecken, entwickeln und erfahren, die für sie im Über-Leben zur Ressource wird. Dies ist ein signifikanter Vorgang, der weit über die Betroffenen hinausreicht. Toxische Spiritualität in der charismatischen Bewegung, aber auch in der Kirche insgesamt kann nur mithilfe einer Spiritualität überwunden werden, die für Betroffene eine potentielle Lebensressource darstellt. In all ihrer möglichen Fragilität wird die Spiritualität von Betroffenen so zum Lackmustest christlicher Spiritualität: Ist eine Spiritualität *für Betroffene* ungeeignet, weil toxisch, so gilt es zu überprüfen, ob sie nicht *insgesamt* ungeeignet, weil toxisch ist.

Das Ergebnis des vorliegenden Beitrags ist ernüchternd. Aber es gibt auch Hoffnungszeichen. Diese Zeichen setzen all jene, die von Missbrauch und Vertuschungsgewalt betroffen sind und die erlittene Vulneranz offenlegen – trotz hoher Risiken bis hin zur Gefahr der Retraumatisierung. Dies ist selbst dort von großem Wert, wo es unter Pseudonym geschieht. Denn auch hier werden die „Hidden Patterns", die Missbrauchsmuster, deutlich. Und zugleich zeigt sich etwas schwer Fassbares, das die erlittene Gewalt überschreitet. Dieses „etwas" brachte die Lyrikerin Ingeborg Bachmann einst auf den Punkt. Ihrer Rede zur Verleihung des Hörspielpreises der Kriegsblinden gab sie den Titel „Die Wahrheit ist dem Menschen zumutbar" und sprach die Verletzten, die vor ihr saßen, direkt an:

---

[37] www.gottes-suche.de bietet eine Plattform für Frauen und (seit 2019) Männer, die sexuelle und spirituelle Gewalt erlitten und den christlichen Glauben anders, lebensförderlich, praktizieren wollen.

„Wer, wenn nicht diejenigen unter Ihnen, die ein schweres Los getroffen hat, könnte besser bezeugen, daß unsere Kraft weiter reicht als unser Unglück, daß man, um vieles beraubt, sich zu erheben weiß, daß man enttäuscht, und das heißt, ohne Täuschung, zu leben vermag. Ich glaube, daß dem Menschen eine Art des Stolzes erlaubt ist – der Stolz dessen, der in der Dunkelhaft der Welt nicht aufgibt und nicht aufhört, nach dem Rechten zu sehen."[38]

Ob diese Kraft, die „weiter reicht als unser Unglück", dem österlichen Geheimnis der Auferstehung entstammt?

Prof. Dr. Hildegund Keul hat eine außerplanmäßige Professur für Fundamentaltheologie und vergleichende Religionswissenschaft an der Julius-Maximilians-Universität Würzburg inne und leitet dort das DFG-Forschungsprojekt „Verwundbarkeiten". Sie kommt aus der Mystik-Forschung und befasst sich seit 2012 aus Sicht der Vulnerabilitätstheologie mit Missbrauch und Vertuschungsgewalt.

---

[38] Bachmann, Ingeborg, Essays, Reden, Vermischte Schriften, hg. von Christine Koschel u. a., in: Werke 4, München / Zürich 1993, 277.

„Kreise, die wie Sekten funktionieren"

Zusammenhänge von spirituellem Missbrauch und sektenähnlichen Gruppierungen

Barbara Haslbeck

„Wie kann es sein, dass ich mich jahrelang mit großem Engagement, mit Herzblut, mit Freude für meine Aufgabe eingesetzt habe? Und nun ist von allem nichts mehr zu spüren." Das fragt Anna Reichmuth, die im Buch „Selbstverlust und Gottentfremdung"[1] davon berichtet, wie sie viele Jahre Mitglied in einer katholischen Laienbewegung war und diese schließlich verunsichert und am Ende ihrer Kräfte verließ. Es sind die Betroffenen selbst, die sich die quälende Frage stellen, wie sie in eine spirituelle Abhängigkeit geraten konnten, die sie dominierte und im Innersten traf. Die 18 Frauen, die im Buch „Selbstverlust und Gottentfremdung" schreiben, haben den spirituellen Missbrauch in einem Kontext erlebt, der sich über Jahre und für einige sogar über Jahrzehnte erstreckte. Für Außenstehende ist es oft schwer nachvollziehbar, weshalb die Betroffenen sich nicht bei den ersten Anzeichen von Vereinnahmung und Manipulation abwenden. So fragt der Ehemann von Cäcilia Görtz, die als junge Frau von einer geistlichen Gemeinschaft stark beeinflusst wurde: „Und das hast du wirklich so geglaubt?" Wovon die Frauen erzählen, mag Umstehenden geradezu bizarr vorkommen. Umso wichtiger sind Berichte Betroffener, die erkennbar machen, in welch komplexen Prozessen sich Abhängigkeiten aufbauen und wie die spirituelle Selbstbestimmung der Betroffenen ausgeschaltet wird. Die Frauen beschreiben, mit welchen Erwartungen sie sich für eine Gemeinschaft oder Begleitung öffneten und welche Vorerfahrungen sie besonders vulnerabel machten. Sie berichten, wie sie auf Personen und Systeme trafen, in denen ihre Wahrnehmung und Gefühle schrittweise in Frage gestellt und ihre Gedanken umgeformt wurden. Sie schildern soziale und finanzielle Rahmenbedingungen, die es erschweren, die Bindung zu lösen. Diese Informationen aus den Berichten ermöglichen eine um-

---

[1] Alle folgenden Zitate aus Betroffenenberichten entstammen dem Band Haslbeck, Barbara u. a. (Hg.), Selbstverlust und Gottentfremdung. Spiritueller Missbrauch an Frauen in der katholischen Kirche, Ostfildern 2023.

fassende Analyse der Bedingungen auf die Frage, weshalb Betroffene bleiben, oft lange Zeit. Zu lesen ist auch, weshalb die Frauen schließlich doch den Ausstieg schaffen und welche Ressourcen ihnen dabei helfen. Der folgende Beitrag wird sich dem Thema nähern, indem die Forschung zu sektenähnlichen Gruppierungen in Bezug zu spirituellem Missbrauch gesetzt wird (1.). Anschließend führt der Text Ergebnisse aus der Forschung zu sog. Sekten mit den Erfahrungen aus den Berichten in „Selbstverlust und Gottentfremdung" zusammen. Vertiefend werden drei spezifische Aspekte fokussiert: Die Anziehung durch eine charismatische Gruppe (2.), die Wechselwirkungen zwischen Individuum und System (3.) und Bewusstseinskontrolle als einem zentralen Vorgang (4.). Am Ende macht ein Resümee klar (5.), dass die Erkenntnisse der Studien zu sektenähnlichen Gruppierungen hilfreich sind, um von spirituellem Missbrauch Betroffene zu verstehen und gefährdende Muster in religiösen Gemeinschaften zu erkennen.

1. Ist die Forschung zu sektenähnlichen Gruppierungen hilfreich für das Verständnis von spirituellem Missbrauch?

Die Lektüre der Berichte weckt Assoziationen an sektenähnliche geschlossene Gruppierungen. Der Arzt von Romy Nanuk erkundigt sich, ob sie in einer Sekte sei. Jule Sandemann stellt die diesem Beitrag titelgebende Frage: „Wer hätte denn gedacht, dass es innerhalb der katholischen Kirche Kreise gibt, die wie Sekten funktionieren?" Die Betroffenen formulieren, dass ihre Erfahrungen zu dem passen, was gemeinhin mit „Sekten" in Verbindung gebracht wird. Michael Utzsch von der Evangelischen Zentralstelle für Weltanschauungsfragen stellt fest: „Es ist erstaunlich, dass die aktuellen Debatten um geistlichen Missbrauch so wenig Notiz von den Sektendiskussionen der letzten Jahrzehnte nehmen, bei denen diese Themen schon intensiv bearbeitet und Lösungsvorschläge erarbeitet wurden."[2] Dabei ist die Analogie zwischen den Berichten über spirituellen Missbrauch

---

[2] Utsch, Michael, Religiöse Traumatisierung und spiritueller Missbrauch, Zeitschrift für Religion und Weltanschauung 5/2022, Online: www.ezw-berlin.de/publikationen/artikel/religioese-traumatisierung-und-spiritueller-missbrauch/ [alle Links zuletzt eingesehen am 28.09.2023].

und denen von Aussteiger*innen aus sog. Sekten[3] unmittelbar ersichtlich.

Mehrere Bücher zum Thema spiritueller Missbrauch beziehen sich auf Erkenntnisse aus der amerikanischen Forschung. Stephanie Butenkemper[4] erklärt die Bewusstseinskontrolle in toxischen Gemeinschaften mit den acht Schritten der mentalen Manipulation, die der Psychiater Robert Jay Lifton bereits 1961 mit seinen Studien zur gewaltfreien Gehirnwäsche in Korea und China beschrieben hat.[5] Steven Hassan knüpfte an Liftons Erkenntnisse an und setzte sich mit der in geschlossenen Gruppierungen typischen Bewusstseinskontrolle (*mind control*) auseinander.[6] In Anbindung an Steven Hassans Arbeit benennt Butenkemper vier Ebenen, auf die die Bewusstseinskontrolle in religiösen Gruppierungen einwirkt: Verhaltenskontrolle, Gedankenkontrolle, Gefühlskontrolle und Informationskontrolle.[7] Auch Margaret Thaler Singer thematisierte mit ihrer For-

---

[3] Im deutschen Sprachraum fand mit dem Begriff der „Sekte" eine kritische Auseinandersetzung statt. Die Enquete-Kommission „Sogenannte Sekten und Psychogruppen" merkt im Bericht 1998 zum Begriff der Sekte an: „Ausschlaggebend für die Verwendung der Bezeichnung ‚Sekte' ist nicht mehr allein der ideengeschichtliche Hintergrund einer Gruppe, sondern vor allem bestimmte Konfliktpotentiale. Vorgeworfen werden den unter den Sektenbegriff subsumierten Gruppierungen u. a. Isolation und psychische Manipulation des Einzelnen durch totalitäre Binnenstrukturen und den Einsatz von problematischen Beeinflussungstechniken, Betrug, Ausbeutung, schwere seelische Schäden des Mitglieds und seiner Angehörigen, aber auch der Entwurf antidemokratischer Gesellschaftssysteme." Endbericht der Enquete-Kommission „Sogenannte Sekten und Psychogruppen", Deutscher Bundestag Drucksache 13/10950, 09.06.1998, 13; Online: https://dserver.bundestag.de/btd/13/109/1310950.pdf. Da dieser enge Sektenbegriff nur auf einen Teil der untersuchten Gruppierungen zutrifft, entschied sich die Enquete-Kommission gegen den Begriff „Sekte", hält ihn „zumindest für den Gebrauch durch staatliche Stellen für untauglich" und spricht von „sogenannten Sekten und Psychogruppen", Deutscher Bundestag Enquete-Kommission „Sogenannte Sekten und Psychogruppen" (Hg.), Neue religiöse und ideologische Gemeinschaften und Psychogruppen. Forschungsprojekte und Gutachten der Enquete-Kommission „Sogenannte Sekten und Psychogruppen", Bonn 1998, 5. Diese Entwicklung setze sich in den letzten zwei Jahrzehnten auch in den kirchlichen Beratungsstellen zu Weltanschauungsfragen durch.

[4] Vgl. Butenkemper, Stephanie, Toxische Gemeinschaften. Geistlichen und emotionalen Missbrauch erkennen, verhindern und heilen, Freiburg i. Br. 2023, 72–94.

[5] Lifton, Robert J., Thought Reform and the Psychology of Totalism. A Study of 'Brainwashing' in China, Chapel Hills-London 1998.

[6] Hassan, Steven, Combating Cult Mind Control. The #1 Best-Selling Guide to Protection, Rescue, and Recovery from Destructive Cults, 25th Anniversary Edition, Newton 2015.

[7] Vgl. Butenkemper, Toxische Gemeinschaften, 96.

schungsarbeit die Gedankenumbildung (*thought reform*)[8] und wird damit von Inge Tempelmann[9] zitiert, die im Jahr 2007 als Erste im deutschsprachigen Raum zu geistlichem Missbrauch publizierte. Diese Durchsicht aktueller Veröffentlichungen über spirituellen Missbrauch, die sich auf Literatur aus der Forschung zu sog. Sekten beziehen oder selbst von sektiererischen Tendenzen sprechen, zeigt: Die Erfahrungen von Menschen, die spirituellen Missbrauch erlebt haben, ähneln in markanten Aspekten den Erfahrungen von Personen, die in sektenhaften Kontexten waren. Insbesondere zeigen sich Parallelen bei der Frage, was die Gruppe anziehend macht und welche Mechanismen wirken, um das Verbleiben der Mitglieder zu fördern bzw. den Ausstieg zu erschweren oder zu verhindern.[10]

In Deutschland beraten drei staatliche Stellen zu sog. Sekten: die Sekteninfo Berlin, die Zentrale Beratungsstelle für Weltanschauungsfragen Baden-Württemberg und die Sekteninfo Nordrhein-Westfalen.[11] Im Jahresbericht 2021 der Sekteninfo Berlin stehen Anfragen von Personen aus dem Bereich „Evangelikale/Pfingstler und christlicher Fundamentalismus" zahlenmäßig an dritter Stelle.[12] Das bedeutet, dass Betroffene selbst dort Beratung suchen und dass für Fachkräfte in der Sektenberatung die Probleme von Menschen in christlichen Intensivgruppen bekannt sind. Auffallend ist auch, dass in den kirchlichen Beratungsstellen zu Sekten und Weltanschauungsfragen beider Großkirchen zunehmend die Thematik des spirituellen Missbrauchs aufgenommen wird. So zeigt sich, dass auf der Ebene der Beratung Betroffener das Thema spiritueller Missbrauch und der Phänomenbereich „Sekten" zusammengehören. Freilich handelt es sich nicht um das Gleiche, aber die Wirkungsweisen auf Betroffene sind ähnlich. Die Ergebnisse der Forschung zu sog. Sekten erhellen die Diskussion um spirituellen Missbrauch.[13] Im Folgenden

---

[8] Singer, Margaret Thalia / Lalich, Janja, Sekten – wie Menschen ihre Freiheit verlieren und wiedergewinnen können, Heidelberg 1997.
[9] Tempelmann, Inge, Geistlicher Missbrauch. Auswege aus frommer Gewalt. Ein Handbuch für Betroffene und Berater, Holzgerlingen 5. Aufl. 2018.
[10] Das Thema „Ausstieg" wird in diesem Beitrag nicht erörtert. Dazu ist weitere Forschung nötig.
[11] Vgl. www.berlin.de/sen/jugend/familie-und-kinder/sekteninfo-berlin/; https://zebra-bw.com/; https://sekten-info-nrw.de/.
[12] Online: www.berlin.de/sen/jugend/familie-und-kinder/sekteninfo-berlin/; an erster Stelle stehen „Sonstige", an zweiter „Verschwörungstheorie".
[13] Angemerkt werden muss an dieser Stelle, dass die wissenschaftliche Auseinandersetzung um sog. Sekten von Kontroversen geprägt ist, die sich unter anderem auf die Einordnung der sektenhaften Gruppierungen beziehen. Während die einen die Gruppierungen als Bedrohung für Einzelne und Gesellschaft bewerten, werfen die

werden Ergebnisse aus der Forschung zu sog. Sekten mit den Erfahrungen aus den Berichten in „Selbstverlust und Gottentfremdung" in drei Punkten zusammengeführt.

2. Die Anziehung durch eine charismatische Gruppe – oder: Wie eine religiöse Intensivgruppe viel Macht ausübt

Der amerikanische Psychiater Marc Galanter forscht seit Jahrzehnten zu neuen religiösen Bewegungen und analysiert diese psychologisch und sozial, unter besonderer Berücksichtigung sektenartiger Gruppierungen. Dabei stellt er auch die Merkmale „charismatischer Gruppen" heraus:

> „Eine sektenartige neue religiöse Bewegung ist eine von mehreren Arten von charismatischen Gruppen. Eine charismatische Gruppe besteht aus einem Dutzend oder mehr Mitgliedern, sogar aus Hunderten und Tausenden. Sie ist durch die folgenden psychologischen Elemente gekennzeichnet: Die Mitglieder haben (a) ein gemeinsames Glaubenssystem, (b) ein hohes Maß an sozialem Zusammenhalt, (c) werden stark von den Verhaltensnormen der Gruppe beeinflusst und (d) schreiben der Gruppe oder ihrer Führung charismatische (oder manchmal auch göttliche) Macht zu."[14]

---

anderen ihnen unwissenschaftliche Parteilichkeit vor. In den USA ist diese Spaltung deutlicher wahrnehmbar als in Deutschland. Zu den Konflikten zwischen „anticult"-Wissenschaftler*innen und distanzierten Feldforschenden ausführlicher: Murken, Sebastian, Soziale und psychische Auswirkungen der Mitgliedschaft in neuen religiösen Bewegungen unter besonderer Berücksichtigung der sozialen Interaktion und psychischen Gesundheit, in: Deutscher Bundestag. Enquete-Kommission „Sogenannte Sekten und Psychogruppen" (Hg.), Neue religiöse und ideologische Gemeinschaften und Psychogruppen. Forschungsberichte und Gutachten, Bonn 1998, 320 f. Ähnliche Konflikte sind in der Diskussion um spirituellen Missbrauch zu beobachten: Wenn Aussteiger*innen über spirituellen Missbrauch sprechen und das Gewaltpotential in religiösen Intensivgruppen wie Orden und Neuen Geistlichen Gemeinschaften thematisieren, wird ihnen Parteilichkeit und Voreingenommenheit unterstellt. Dazu erhellend der Beitrag von Magdalena Hürten in diesem Buch: Hürten, Magdalena, Epistemische Aspekte spirituellen Missbrauchs. Toxische Verknüpfungen von Wissen, Macht und Geschlecht, 37–50.

[14] Galanter, Marc, Charismatic Groups and Cults: A Psychological and Social Analysis, in: Pargament, Kenneth I. (Hg.), APA Handbook of Psychology, Religion, and Spirituality. Vol. 1. Context, Theory, and Research, Washington 2013, 729–740; hier: 729. Alle Übersetzungen ins Deutsche durch Barbara Haslbeck.

Jedes der vier Merkmale erklärt, wie Mitglieder von charismatischen Gruppen angezogen und gebunden werden. Das gemeinsame Glaubenssystem schafft Konformität, die Klarheit ermöglicht und die Mitglieder verbindet. Die Geschlossenheit der Gruppe wird durch die enge Verflechtung des Lebens der Einzelnen mit dem aller Mitglieder erreicht. Dazu tragen häufige Treffen bei, die die Mitglieder motivieren, alle Energie in die Gruppe zu stecken. Die emotionale Aufladung schweißt zusammen und bewirkt gemeinsame Identität. Die Mitglieder orientieren ihr Verhalten an dem der anderen. Sie handeln einheitlich und wirken nach außen geschlossen. Den Leiter*innen werden besondere Kräfte zugeschrieben. In religiösen Gruppen wird ihnen eine besondere Nähe zu Gott und damit eine große Autorität für Entscheidungen übertragen.[15]

Galanter beschreibt, wie Interessierte in eine charismatische Gruppe hineinfinden. Sie erleben eine Atmosphäre, in der sie sich bedingungslos angenommen fühlen und ihnen eine Lösung für existentielle Probleme eröffnet wird. Führenden Persönlichkeiten haben eine Schlüsselrolle. Sie kommen in eine „grandiose Rolle"[16] und werden von den Anhänger*innen ungeprüft gerechtfertigt. Was Außenstehende als missbräuchlich wahrnehmen, ist für Personen in der Gruppe nicht wahrnehmbar, da die Zugehörigkeit zur Gruppe auf die Hinzukommenden transformativ wirkt. Um diese Transformation zu beschreiben, wählt Galanter den Vergleich mit einer Fabrik:

> „Systeme sind mit Fabriken verglichen worden; sie nehmen Input von außen auf, der aus Rohmaterial, Energie oder Informationen bestehen kann, und verarbeiten ihn zu einem Output, einem Produkt."[17]

Um effektiv arbeiten zu können, muss ein System diese Transformation leisten. Für charismatische Gruppen bedeutet das vor allem, Nachwuchs für die zu leistende Mission zu rekrutieren. Je größer und stabiler die Gruppe wird, desto mehr legitimiert sie sich selbst. Der psychologische und materielle Einsatz einer charismatischen Gruppe in die Gewinnung neuer Mitglieder ist erheblich. Diese sind davon angezogen und fasziniert, jedoch gibt es auch einige, bei denen die Zugehörigkeit zu der Gruppe tiefe Verunsicherung auslöst, weil sie

---
[15] Vgl. Galanter, Charismatic Groups and Cults, 730 f.
[16] Galanter, Charismatic Groups and Cults, 731.
[17] Galanter, Charismatic Groups and Cults, 733.

bisherige soziale Bindungen zugunsten der neuen Gemeinschaft auflösen und eine „Metamorphose ihrer Weltsicht"[18] stattfindet. Das kann so weit führen, dass eine vormals stabile Person zerbrechen und psychiatrische Symptome entwickeln kann.

Zur Transformation der Mitglieder gehört deren Kontrolle. Das Monitoring wird von ihnen selten bewusst wahrgenommen, sondern vollzieht sich durch die Identifikation mit den Gruppenidealen und mit der Führung wie von selbst. Einzelne, die von den Zielen abrücken und Obere in Frage stellen, geraten in psychischen Stress, der wiederum die Bereitschaft zur Mitwirkung vergrößert. Offener Zwang wird kaum ausgeübt. Galanter analysiert auch, wie charismatische Gruppen sich durch Abgrenzung von der Umwelt schützen. Für sektiererische Gruppen bedeutet das, dass die Grenzen der Gruppe durch Informationskontrolle abgeschottet und soziale Kontakte der Mitglieder nach außen verboten werden.[19] Die von Galanter beschriebenen Mechanismen einer charismatischen Gruppe zeigen deutliche Parallelen zu dem, was Frauen in „Selbstverlust und Gottentfremdung" berichten. Die Frauen thematisieren, dass sie mit hohen Erwartungen auf der Suche waren nach einem christlichen Lebensentwurf, der über die alltägliche Praxis christlicher Gemeinden hinausgeht. Jule Sandemann spricht von einem „Hungergefühl", das sie letztlich in eine Gruppe brachte, die „auf den ersten Blick alle meine religiösen Wünsche stillte. (…) Die Mitglieder der Gruppe begannen sofort, mich zu umgarnen und auf das ‚Herzlichste' einzubeziehen." Das Werben der Gruppe verfehlt seine Wirkung nicht. Die Frauen erleben Gemeinschaft und Zugehörigkeit[20] und fühlen sich aufgewertet.

> „Es war, als würde ich dauerhaft schweben. Er gab mir das Gefühl, sein VIP zu sein. Er hatte eine tolle Ausstrahlung, war ein sehr charismatischer Mensch und entsprechend gefragt in der Kirche. Ausgerechnet ich, ich durfte mit ihm Zeit verbringen. Ich fühlte mich sicher wie nie zuvor." (Romy Nanuk)

---

[18] Galanter, Charismatic Groups and Cults, 734.
[19] Vgl. Galanter, Charismatic Groups and Cults, 736 f.
[20] Stephanie Butenkemper hebt hervor, dass charismatische Gruppen für viele Mitglieder eine Art Familienersatz bedeuten, siehe: Butenkemper, Stephanie, We are family. In den Fängen toxischer Gemeinschaften, in: Lebendige Seelsorge 74 (3/2023), 179–183.

Die besondere Berufung wird von geistlichen Autoritäten bestätigt, beispielsweise durch den Beichtvater:

> „Die tiefe Spiritualität und die Liebe der Schwestern zogen mich magisch an. Ich erlebte ein tiefes Gefühl des Geliebt-Seins und dachte: Hier ist der Ort, an dem ich mich und meine persönliche Beziehung zu Gott entfalten kann. In der Hl. Beichte bestätigte mir ein Priester meine Berufung für die Gemeinschaft. Mit tiefer Begeisterung im Herzen trat ich wenige Wochen später ein." (Michaela Mack)

Die Anziehungskraft der charismatischen Gruppe ist so groß, dass Frauen dafür alles geben.

> „Es fiel mir nicht schwer hineinzuwachsen. Als jemand, der ehrgeizig ist und dem der Glaube so viel bedeutet, war mir keine Herausforderung zu groß. Ohne Widerstand war ich bereit, nahezu meine gesamte Freizeit zu opfern für das lebensumspannende Programm, das sich ‚Spiritualität' nannte." (Jule Sandemann)

Die Transformation des Denkens wird von den Frauen kaum wahrgenommen. Sie sind eingebettet in eine Gruppenlogik, die keine Alternativen ermöglicht. Anna Reichmuth erinnert sich an die Zeit der Zugehörigkeit zu ihrer Gemeinschaft und das dortige gemeinsame Glaubenssystem:

> „Manchmal hatte ich den Eindruck, dass alle genau wussten, was Gott will und was er nicht will, was gut ist und was schlecht. Und es gab nur gut/richtig und schlecht/falsch." (Anna Reichmuth)

Die Frauen richten ihre Entscheidungen nach den Vorgaben anderer, auch in intimsten Fragen des Glaubens:

> „Mir wurde nahegelegt, den Oberen der Gemeinschaft als Seelenführer zu wählen, wie dies fast alle Schwestern tun würden. Über ihn hörte ich, dass er innere Ansprachen von Gott habe, durch die er die Mitglieder der Gemeinschaft leitete." (Michaela Mack)

Eingebunden in das Glaubenssystem der Gemeinschaft und geleitet von Personen mit göttlicher Autorität befinden sich die Frauen in einem geschlossenen System[21], welches sich nach außen abschottet:

> „Wir durften auch nicht von außenstehenden Personen Rat holen und der Kontakt zu anderen Schwesterngemeinschaften wurde uns verwehrt. Die Oberin argumentierte, niemand von außen würde das Problem verstehen, und wir würden der Gemeinschaft schaden, wenn wir etwas hinaustragen würden." (Salome Kühne)

Auch Felizitas Veith berichtet von der Abschottung: „Da war der Kontaktabbruch zur Familie und zu Freund*innen. ‚Sie tun dir nicht gut', wurde oft gesagt." Zum Bruch mit dem früheren Leben kommt das Monitoring in der Gruppe hinzu:

> „Es gab eine extreme soziale Kontrolle vonseiten vieler Mitschwestern, die zum Teil Leitungsfunktionen hatten. Wenn verbotenes oder unerwünschtes Verhalten entdeckt wurde, wurde dies meist an die verantwortliche Schwester in der Außenstation, in der man gerade lebte, oder gar an die Priorin direkt weitergemeldet. Bei mir setzte sich das Gefühl fest, ständig kontrolliert zu werden, was mich verunsicherte." (Charlotte Schröder)

Die Beschreibung charismatischer Gruppen von Galanter hilft, die komplexen Prozesse des von den Frauen geschilderten Selbstverlustes einordnen zu können. Unterschiedlich stark sind sie davon betroffen, wie es in Frankreich mit Blick auf sektiererische Entwicklungen in Gemeinschaften mit einer Metapher beschrieben wurde: „Sektenexperten arbeiten […] mit einem Bild: Sekten sind wie Zwiebeln aus mehreren Schichten aufgebaut. Je tiefer man in die Sekte eintritt, desto mächtiger und erdrückender werden die Mechanismen psychischer Überwachung."[22]

---

[21] Weiterführend dazu: Tatschmurat, Carmen, Klöster als ‚Totale Institutionen' nach Erving Goffman, in: Haslbeck, Barbara u. a. (Hg.), Selbstverlust und Gottentfremdung. Spiritueller Missbrauch an Frauen in der katholischen Kirche, Ostfildern 2022, 246–253.

[22] De Dinechin, Blandine / Léger, Xavier, Abus spirituels et dérives sectaires dans l'Eglise. Comment s'en prémunir?, Montreal 2019; zitiert nach und ins Deutsche übersetzt in: De Lassus, Verheißung und Verrat, 42.

3. Wechselwirkungen zwischen Individuum und System – oder: Warum nicht die Betroffenen allein das Problem sind

Nach dem Fokus auf die sozialen und psychologischen Dynamiken einer charismatischen Gruppe geht der Blick zu den Personen, die in solche Gemeinschaften eintreten. Mit der psychischen Struktur von Personen in sog. Sekten setzen sich einige Studien auseinander, auch in Deutschland. Im Rahmen der Enquete Kommission „Sogenannte Sekten und Psychogruppen" wurden einige Untersuchungen durchgeführt, die die Ausgangsfrage bearbeiten: „Dominieren beim Aufbau der Bindung bzw. beim Vorgang der Akkulturation manipulative Handlungsmuster der Gruppen oder spezifische Befindlichkeiten dieser Menschen, die eine Bindung bzw. Beheimatung als weithin autonomen Versuch der Problemlösung, als Sozialisationsvorgang usw. erscheinen lassen?"[23] Sebastian Murken und Sussan Namini spitzen zu: „Ist der Beitritt zu einer neuen religiösen Bewegung Konfliktursache oder Konfliktlösung?"[24] Sie untersuchen, ob Probleme während der Zugehörigkeit zu einer Gruppe durch die Situation in dieser Gemeinschaft entstehen oder ob die Schwierigkeiten Betroffener bereits vor dem Eintritt bestanden und der Schritt in die Gruppe als Lösungsstrategie bewertet werden kann. Die Ergebnisse dieser Untersuchungen sind für die aktuelle Diskussion um spirituellen Missbrauch insofern relevant, als vielfach zu hören ist, dass spiritueller Missbrauch vorwiegend Menschen beträfe, die aufgrund eigener psychischer Probleme Opfer wurden. Damit stehen Betroffene in der Gefahr, pathologisiert zu werden (*victim blaming*).[25] Wenn es sich um ein individuelles Problem, eine Erkrankung oder um eine ‚schwierige Person' handelt, dann ist die betroffene Person selbst ‚schuld', so die regelmäßig zu hörende Annahme. Damit bleibt das System außen vor, in dem eine Person Schaden erleidet. Diese The-

---

[23] Veeser, Wilfried, Radikale christliche Gruppen der ersten Generation, in: Deutscher Bundestag Enquete-Kommission „Sogenannte Sekten und Psychogruppen" (Hg.), Neue religiöse und ideologische Gemeinschaften und Psychogruppen. Forschungsprojekte und Gutachten der Enquete-Kommission „Sogenannte Sekten und Psychogruppen, Bonn 1998, 40–105; hier: 40.

[24] Murken, Sebastian / Namini, Sussan, Psychosoziale Konflikte im Prozess des selbstgewählten Beitritts zu neuen religiösen Gemeinschaften, in: Zeitschrift für Religionswissenschaft 12 (2004) 141–187; hier: 146.

[25] Ausführlicher dazu: Haslbeck, Barbara, Den Glutkern des eigenen Glaubens reflektieren. Beobachtungen zu Fortbildungen zum Thema spiritueller Missbrauch, in: Lebendige Seelsorge 74 (2023) 168–73; Hundertmark, Peter, Vorsicht Falle!, Täter-Opfer-Umkehr in der Seelsorge wehren, in: Lebendige Seelsorge 74 (2023) 184–188.

men wurden in der Forschung um sog. Sekten bereits bearbeitet und sind insofern wichtig auch für die Thematik des spirituellen Missbrauchs. Studien zu sog. Sekten stellen das Modell der Kult-Bedürfnis-Passung in den Mittelpunkt. Religiöse Gruppierungen bieten einen Deutungsrahmen, der auf individuelle soziale, psychische und religiöse Bedürfnisse reagiert.[26] Je besser das Angebot der Gruppe zu der individuellen Bedürfnislage passt, desto weniger Konflikte sind zu erwarten. Zu analysieren sind beide Seiten: Persönliche Prägungen, Vulnerabilität und biographische Faktoren auf der Seite des Individuums und die Inhalte, Praxis, Dynamik und Struktur in der religiösen Gruppe. Das Passungsmodell ermöglicht eine mehrdimensionale Analyse, die sowohl die Person als auch die Gruppe in den Blick nimmt.

Murken sichtet Studien zur Frage, ob bei Mitgliedern neuer religiöser Gruppierungen bestimmte Persönlichkeitsmerkmale vorhanden sind, die sie für die Mitgliedschaft prädisponieren. Der Befund ist uneinheitlich; es gibt Hinweise, dass Menschen mit traumatischen Erfahrungen und neurotischen Entwicklungen auffallend häufig in neuen religiösen Gemeinschaften nach psychischer und sozialer Stabilisierung suchen.[27] Murken stellt schließlich aber fest: „Eine einheitliche ‚Sektenpersönlichkeit' gibt es nicht."[28] In einer Befragung von Mitgliedern neuer religiöser Gemeinschaften im Jahr 2003 zeigt sich, dass viele Befragte das Jahr vor dem Eintritt als krisenhaft bewerten und sie sich durch den Kontakt mit der neuen Gemeinschaft stabilisieren.[29] Die Zugehörigkeit zur Gruppe ermöglicht also die Bewältigung schwieriger Lebenserfahrungen. Die Forschenden resümieren jedoch: Es „stellt sich die Frage, wie die beobachtete Stabilisierung hinsichtlich ihrer Nachhaltigkeit zu bewerten ist. Handelt es sich um eine vorübergehende Erleichterung, wie sie z. B. häufig in Phasen der Verliebtheit zu beobachten ist, oder liegen tiefgreifende, langfristig wirksame Prozesse vor, die eine dauerhaft verbesserte Anpassung bewirken?"[30] Beschrieben wird auch, dass der Austritt

---
[26] Vgl. Murken / Namini, Psychosoziale Konflikte, 154 f.
[27] Vgl. Murken, Soziale und psychische Auswirkungen, 333–340.
[28] Murken, Soziale und psychische Auswirkungen, 327.
[29] Vgl. Murken, Sebastian / Namini, Sussan, Selbstgewählte Mitgliedschaft in religiösen Gemeinschaften: Ein Versuch der Lebensbewältigung?, in: Zwingmann, Christian / Moosbrugger, Helfried (Hg.), Religiosität: Messverfahren und Studien zu Gesundheit und Lebensbewältigung. Neue Beiträge zur Religionspsychologie, Münster 2004, 299–316; hier: 309 f.
[30] Murken / Namini, Selbstgewählte Mitgliedschaft, 312 f.

aus einer religiösen Gemeinschaft als krisenhaft erlebt wird und Betroffene sich infolge der Veränderung als labil erleben.[31]

Diese Ergebnisse zur psychischen Situation von Menschen in religiösen Gruppen stehen in Analogie zu den Berichten der Frauen in „Selbstverlust und Gottentfremdung". Die Frauen beschreiben Erfahrungen aus der Kindheit, die sie im Rückblick in Zusammenhang setzen mit ihrer Suche nach einer religiösen Gemeinschaft.

> „Als Schülerin erlebte ich Mobbing und hatte eine schwere Zeit. Hilfe fand ich im Glauben. Ich erlebte mein Leben als von Gott durchdrungen. Das Gefühl einer tiefen Verbundenheit war einfach da. Nach Abschluss der Berufsausbildung bin ich in eine Ordensgemeinschaft eingetreten. Ich spürte in mir die Gewissheit, dass Gott mich dazu berufen und dorthin geführt hat. Es war wie nach Hause zu kommen." (Veronika Nowak)

Auch Charlotte Schröder thematisiert den Wunsch nach Angenommensein und erkennt, dass sie gerade dadurch verletzbar war:

> „Nach frustrierenden Erfahrungen in der eigenen Familie habe ich scheinbar in der Gemeinschaft die ideale Familie gefunden, in der ich dann Erfahrungen von Akzeptanz und von Wichtigkeit machen konnte (gerade dich brauchen wir). Damit habe ich mich verführen lassen." (Charlotte Schröder)

Eine ganze Liste von Gefährdungsfaktoren aus der eigenen Biographie erstellt Elaia Merced und erkennt, dass sie deshalb besonders leicht manipulierbar war:

> „Ich lernte, dass ich so ziemlich alle begünstigenden Faktoren, davon betroffen zu sein, erfüllte: jung, engagiert und idealistisch zu sein, sehr am Glauben interessiert und auf der Suche zu sein, früher schon von Formen von Manipulation oder Missbrauch betroffen. Ich bin sicher, dass meine biographischen Muster zu dem, wie der Kontakt mit dem Pater sich entwickelt hat, ihren Teil beigetragen haben." (Elaia Merced)

Auffallend sind die Trefferzahlen in den Berichten aus „Selbstverlust und Gottentfremdung" zu den Worten „Sehnsucht" (28-mal) und

---

[31] Vgl. Murken, Soziale und psychische Auswirkungen, 330.

„Tiefe" (41-mal). Da ist die Rede von „tiefer Christuserfahrung" (Elisabeth Eicher), von der „tiefen Sehnsucht im Herzen" (Felizitas Veith), von der „Sehnsucht nach Tiefe und Erfülltheit" (Sr. Maria Kurg), von „tiefer Sehnsucht, die Sakramente zu empfangen" (Regina Diem). Die Frauen sind auf der Suche nach der tieferen Dimension ihres Lebens, nach ihrer Berufung, und sie werden gerade dadurch empfänglich für religiöse Angebote, die sie letztendlich schädigen. Es sind „religiös musikalische" Menschen (Jule Sandemann), die sich nach spiritueller Nähe sehnen und dafür bereit sind zu Verzicht und Selbstaufgabe. Viele der Frauen berichten, dass die Distanzierung von der religiösen Intensivgruppe, ob freiwillig oder erzwungen, sie in eine Krise führte, zu der körperliche und psychische Beschwerden gehören. Weitere Forschung zu Religiosität und psychischer Situation von Menschen, die spirituellen Missbrauch erfahren haben, steht noch aus.[32]

Das Passungsmodell führt aus der im Kirchenraum dominanten Frage heraus, wer die Schuld am spirituellen Missbrauch trägt – entweder die labile Persönlichkeit oder eine toxische Gemeinschaft. Beides ist zu analysieren und hat Konsequenzen für die Prävention spirituellen Missbrauchs. Studien zu sektenähnlichen Gruppen zeigen, dass das Konfliktpotential in der Passung zwischen Individuum und Gruppe dann besonders hoch ist, wenn Gruppen folgende Merkmale aufweisen:

> „Ein absoluter Wahrheitsanspruch und die Forderung unbedingten Gehorsams, die Reduzierung von Komplexität von Realität auf simple Gut-Böse-Dichotomien, die umfassende Reglementierung aller Lebensbereiche, die starke Reduzierung von Kontakten zum sozialen Umfeld und von Aktivitäten außerhalb der Gruppe sowie eine starke Einschränkung der Zeit."[33]

Diese Merkmale lassen sich auch in den Berichten in „Selbstverlust und Gottentfremdung" finden.

---

[32] Eine aktuelle Studie aus der Schweiz beschreibt die Resilienz von Menschen, die Mitglied einer fundamentalistischen christlichen Gruppe waren. Online: https://onlinelibrary.wiley.com/doi/full/10.1002/smi.3157.
[33] Murken/Namini, Psychosoziale Konflikte, 157.

4. Bewusstseinskontrolle als zentraler Vorgang – oder: Ist spiritueller Missbrauch Gehirnwäsche?

In der französischen Satirezeitschrift Charlie Hebdo erschien im Mai 2023 ein Bericht über spirituellen Missbrauch an Schwestern aus der Monastischen Familie von Bethlehem. Eine Karikatur zeigt eine Schwester, deren Schleier wie ein Deckel vom Kopf geklappt wurde und der eine Heilig-Geist-Taube das Gehirn aus dem Kopf reißt.[34] Was hier karikiert wird, spielt auf ein zentrales Thema der Sektenforschung an. Es geht um die Frage, wie es sein kann, dass Menschen in sog. Sekten eine Wesensveränderung durchmachen, ihre Einstellung, ihr Verhalten und ihre Beziehungen von Grund auf verändern und wie fremdgesteuert wirken können – es geht also um das, was landläufig mit „Gehirnwäsche" bezeichnet wird.[35] Anders als es dieser Begriff andeutet, vollzieht sich die in sektenartigen Gruppen typische Bewusstseinskontrolle nicht gewaltsam und nicht plötzlich. Forscher*innen und Berater*innen verwenden unterschiedliche Begriffe, um diesen Vorgang zu beschreiben. Lifton spricht bei der gewaltfreien Gehirnwäsche von Gedankenumbildung (*thought reform*),[36] auf die sich auch Tempelmann bezieht.[37] Hassan beschreibt den Vorgang der Bewusstseinskontrolle (*mind control*).[38] Galanter betont die zentrale Rolle der Transformation der Gedanken in charismatischen Gruppen.[39] Was allen gemeinsam ist: Sie stellen damit den zentralen Vorgang heraus, mit dem geschlossene Gruppen auf das Innerste einer Person, auf ihre Gefühle und Gedanken, zugreifen.[40] Doris Reisinger beschreibt es aus der Perspektive Betroffener:

> „Sie haben eine Vielzahl von inneren Verboten aufgebaut und ‚gelernt', ihren eigenen Wahrnehmungen und Gefühlen zu misstrauen,

---

[34] https://charliehebdo.fr/2023/05/religions/enquete-lenfer-soeurs-bethleem/.
[35] Dass in Forschung und Beratung um das Konzept der „Gehirnwäsche" kontrovers diskutiert wird, sei an dieser Stelle aus Platzgründen lediglich angedeutet. Hingewiesen sei auf die Recherchefunktion der Bibliothek der Evangelischen Zentralstelle für Weltanschauungsfragen: https://ezw.vufind.net/ezw/.
[36] Vgl. Lifton, Thought reform and the Psychology of Totalism.
[37] Vgl. Tempelmann, Geistlicher Missbrauch.
[38] Vgl. Hassan, Combating Cult Mind Control.
[39] Vgl. Galanter, Charismatic Groups and Cults.
[40] Vgl. Leimgruber, Ute / Haslbeck, Barbara, Angriff auf das Innerste. Hinführung zu den Berichten über spirituellen Missbrauch, in: dies. u. a. (Hg.), Selbstverlust und Gottentfremdung. Spiritueller Missbrauch an Frauen in der katholischen Kirche, Ostfildern 2023, 17–56; hier: 18.

ihre Bedürfnisse und Wünsche zu unterdrücken und die Welt mit den Augen des Manipulators zu sehen."[41]

Auch Butenkemper thematisiert die Identifikation mit dem Aggressor:

> „Da die Betroffenen sich unter Freunden und Gleichgesinnten wähnen, kooperieren sie mit den versteckt agierenden Täterinnen und glauben sich frei in ihrer Entscheidung. Dass sie kontrolliert und manipuliert werden, ist ihnen nicht bewusst, so dass sie gewissermaßen ‚mitmachen'"[42].

Wie diese Bewusstseinskontrolle konkret stattfindet, kann in den Berichten von „Selbstverlust und Gottentfremdung" nachvollzogen werden. Da wirken in der Anfangsphase die sozialen Mechanismen der Gruppe, dazu gehört umfassendes *love bombing*. Die Betroffenen sind zunächst begeistert und erfüllt von dieser neuen Welt. Schrittweise begegnen die Frauen spirituellen Deutungen, die sie sich zu eigen machen. Über einen langen Zeitraum lernen sie, ihre eigene Wahrnehmung zu ignorieren und die Ideale der spirituellen Gruppe zu übernehmen. Romy Nanuk benutzt ein drastisches Bild für die erlittene spirituelle Manipulation: „Es ist, als hätte man dir etwas eingeimpft, und du kannst niemals Antikörper entwickeln. Du kriegst es nie wieder los." Die Einwirkung auf die eigenen Gefühle und Gedanken geschieht – und das ist spezifisch für spirituellen Missbrauch – durch Konditionierung mit spirituellen Themen. Biblische Zitate und christliche Heilige und Vorbildfiguren spielen eine wichtige Rolle.

> „Die Worte ‚Nebelgefühl in meinem Kopf', ‚Leere' und ‚Lähmung' durchziehen meine Tagebucheinträge dieser Zeit wie ein roter Faden. Ich vertraue mich dem Pater auch damit an und mit den psychosomatischen Beschwerden. Er deutet sie als Wachstumsprozess im Glauben, verweist auf Heilige, die durch Krankheitserfahrungen und dunkle Zeiten gehen mussten, um spirituell zu reifen." (Elaia Merced)

---

[41] Reisinger (geb. Wagner), Doris, Spiritueller Missbrauch in der katholischen Kirche, Freiburg i. Br. 2. Aufl. 2020, 127.
[42] Butenkemper, Toxische Gemeinschaften, 95.

Gerade die Spiritualisierung von Leiden und Krankheit spielt in mehreren Berichten eine zentrale Rolle, um die Transformation der Frauen voran zu bringen.

> „Da ich oft hörte, dass Kranke, die ihre Beschwerden mit dem Leiden Jesu vereinen und Gott schenken, mehr zum Heil der Seelen beitragen als die Gesunden, war ich mit der Zeit sogar etwas stolz darauf, krank zu sein." (Michaela Mack)

Die Transformation der Gedanken hat zum Ziel, das eigene Selbst völlig aufzugeben. „Immer wieder sagte der Obere: ‚Die Gottesmutter hat nie auch nur eine Sekunde an sich gedacht.'" (Michaela Mack). Ähnlich erlebt es Charlotte Schröder:

> „Als gemeinsamen Nenner für den seelischen Missbrauch sehe ich die überall herrschende Aussage, dass die eigenen Bedürfnisse absterben sollten, damit wir Gott und unseren Mitschwestern (und der Welt) dadurch besser dienen können." (Charlotte Schröder)

Elaia Merced reflektiert eindrucksvoll, wie sie selbst die Bewusstseinsumformung durchschaut:

> „In der vertrauten Umgebung meiner Familie nahm ich erst wahr, wie ich mir und meinen Einstellungen und Werten fremd geworden war, wie viele Gedanken in meinem Kopf waren, die nicht meine waren, und wie sehr ich überhaupt nicht mehr wusste, wer ich war." (Elaia Merced)

Zur spirituellen Manipulation kommen weitere Wirkfaktoren dazu, die das Ausschalten eigener Gefühle und Gedanken verstärken: Ein hohes Gebets- und Arbeitspensum und kaum Zeit für persönliche Dinge.

> „Der Wunsch nach einer eigenen Rückzugsmöglichkeit wurde als Wunsch verstanden, etwas privat für sich haben zu wollen, und privat galt als Unwort. Denn es kommt vom lateinischen Wort privare und heißt rauben / berauben, was auf Gott bezogen einen Raub an dessen Möglichkeit der vollen Verfügung über das eigene Leben, die eigene Zeit, die eigenen Gedanken etc. bedeuten würde." (Charlotte Schröder)

Zu der typischen sozialen Isolation der Person nach außen und auch innerhalb der Gruppe kommt die starke Abhängigkeit von Leitungspersonen, die oft von Willkür geprägt ist. Bis hin zu Zimmerkontrolle und erzwungener Körperhaltung beim Gebet (Marietta Klein) entstehen demütigende Double-Bind-Bindungen, die infantilisieren.

Durch die beschriebenen Faktoren verlieren die Frauen die Selbstbestimmung. Michaela Mack vergleicht es mit einem einprägsamen Bild:

> „Wie eine Spinne mit ihrem Faden ihre Opfer langsam einwebt und sie dann im Netz gefangen hält, hatte auch ich mich in die geistige Verführung einwickeln lassen und dabei jegliche Beziehung zu mir selbst verloren." (Michaela Mack)

Im Bild der einwebenden Spinne wird deutlich, was Bewusstseinskontrolle bewirkt.

5. Resümee

Die Erkenntnisse zu sektenartigen Gruppierungen tragen dazu bei, gefährdende Muster religiöser Gemeinschaften zu identifizieren. Studien schildern Merkmale von Gruppierungen, die das Risiko bergen, Menschen zu manipulieren. Auch die Erkenntnisse zur Vulnerabilität von Menschen, die in sektenartigen Gruppierungen nach Orientierung suchen, stellen eine wichtige Sehhilfe dar – nicht um Betroffene zum Problem zu machen, sondern um die Praxis in Pastoral und geistlichen Gemeinschaften so zu entwickeln, dass sie die Resilienz von Menschen bestärken. Um spirituellen Missbrauch zu erkennen und um ihm vorzubeugen, ist multiprofessioneller und interdisziplinärer Dialog hilfreich. Die Betroffenen selbst erleben es als entlastend, wenn sie realisieren, welche (gut erforschten) Faktoren sie zum Opfer machten.[43] Das Verstehen der eigenen Geschichte ermöglicht, das Leben wieder selbst zu bestimmen.

---

[43] Hilfreich: Pohl, Sarah, Spiritueller Schiffbruch? Sich selbst und anderen in Sinnnot helfen, Göttingen 2022.

Dr. Barbara Haslbeck ist wissenschaftliche Mitarbeiterin an der Professur für Pastoraltheologie und Homiletik an der Universität Regensburg. Sie arbeitet an einer empirisch-qualitativen Studie zum Thema „Sexueller Missbrauch an Ordensfrauen". Ihre Arbeitsschwerpunkte sind Glaube nach Missbrauchserfahrung und traumasensible Seelsorge.

Verkanntes Verbrechen: geistlicher Missbrauch

Barbara Haslbeck / Ute Leimgruber / Regina Nagel / Philippa Rath (Hg.)
Selbstverlust und Gottentfremdung
Spiritueller Missbrauch an Frauen in der katholischen Kirche

Mit einem Geleitwort von Joan Chittister

304 Seiten, 14 x 22 cm
Hardcover mit Leseband
ISBN 978-3-8436-1475-7

Hier erzählen Frauen von ihren Erfahrungen mit spirituellem Missbrauch in Orden, in geistlichen Gemeinschaften und in der Seelsorge. Was mit der Sehnsucht nach einem Leben aus dem christlichen Glauben beginnt, endet für viele mit dem Verlust des eigenen Ichs und der Entfremdung von Gott. Das Buch zeigt, wie Spiritualität benutzt wird, um andere zu kontrollieren, zu manipulieren und auszubeuten. Es zeigt aber auch, dass der Weg zurück zu einer autonomen Lebensgestaltung möglich ist. Die Zeugnisse der Frauen werden ergänzt um Beiträge von Verantwortungsträgerinnen in den Orden und um eine theologische Einordnung durch die Herausgeberinnen. – Mit Adressen von Anlauf- und Beratungsstellen für Betroffene.